Profecías
para el tiempo del fin

*Bienaventurado el que lee
y los que oyen las palabras de la profecía,
y guardan las cosas en ella escritas,
porque el tiempo está cerca.
(Apocalipsis 1.3)*

Francisco Liévano

Caracas - Venezuela

Profecías *para el tiempo del fin*
Francisco Liévano

Tercera edición
© 2008 Francisco Liévano

Licenciado bajo CC BY-NC-ND 4.0.
https://creativecommons.org/licenses/by-nc-nd/4.0/deed.es

libro de bolsillo ISBN: 978-1-63656-103-5

A menos que se indique lo contrario, las referencias bíblicas utilizadas en este libro fueron tomadas de la versión Reina-Valera, Revisión 1960
© Sociedades Bíblicas Unidas.

Rnova2.com

Diseño de Portada: Silvia Martín
Revisión, diagramación y montaje: Alegría de Liévano

Categoria: Doctrina: Profecías

Nunca hemos vivido en tiempos cuando el tema de las profecías haya sido tan necesario como hoy.

El tema de las profecías para los últimos días ha sido tratado desde muchísimos ángulos. En esta oportunidad tenemos, no sólo un estudio acorde con las Escrituras, sino aplicable a nuestras necesidades. Deja de ser un estudio para los "expertos" a fin de llegar a ser accesible y útil para el cristiano que enfrenta situaciones de la vida diaria.

Tome usted una Biblia, su cuaderno de notas y el libro ***Profecías para el tiempo del fin.*** Le será de gran provecho.

Licenciado Leonel Portillo
Pastor evangélico de larga y exitosa trayectoria
Director del Ministerio *CRMV*
Crecimiento, Renovación y Multiplicación de Líderes e Iglesias en Venezuela

Con este interesante y práctico estudio sobre las profecías en la Biblia, el pastor Francisco Liévano ofrece un amplio panorama que le permitirá al lector comprender, en forma clara, sencilla y convincente, qué profecías han sucedido definitivamente, cuales aún no se han cumplido, y las señales que acompañarán a los portentosos acontecimientos del fin del mundo.

Recomiendo ampliamente la lectura de este libro. Será una herramienta útil, tanto para los creyentes como para quienes están en la búsqueda de la verdad con el objeto de conocer el fin del presente orden de cosas en el mundo, y estar así preparados para la venida del Señor y Salvador Jesucristo.

Profesor Luís Magín Álvarez
Líder destacado de la Convención Nacional Bautista de Venezuela

Prefacio

La profecía ha sido un tema bíblico muy descuidado, a veces mal interpretado, muy espiritualizado y, en cierto sentido, despreciado. Nadie puede negar, sin embargo, que gran parte del contenido bíblico es profecía.

Como quiera que sea, no podemos eliminar de la Biblia los libros que contienen profecías para el tiempo del fin, especialmente Daniel en el Antiguo Testamento y Apocalipsis en el Nuevo Testamento. Por supuesto, tampoco podemos poner a un lado las profecías para el tiempo del fin que se hallan en Isaías, en los Salmos y en otras partes de ambos Testamentos.

Los que pertenecemos a la Iglesia de Cristo queremos saber cuál es el significado de Apocalipsis y Daniel. Si en la primera venida de Cristo se cumplieron al pie de la letra muchas profecías, ¿se cumplirán las demás? ¿A quién van dirigidas estas profecías?

Éste no es un tratado enjundioso sobre escatología bíblica, sino unos estudios sencillos para los que se inician en el estudio de este tema. Están respaldadas por el texto bíblico y por la enseñanza ortodoxa de la Iglesia de Cristo a través de los siglos.

Si con este libro tú creces en la práctica de la vida cristiana y en el entendimiento serio de la Palabra de Dios, quedaré completamente satisfecho.

Francisco Liévano

Contenido

Prefacio
1. Profecías para el tiempo del fin 1
2. La revelación de Jesucristo 11
3. El Alfa y la Omega 21
4. El mensaje de Jesús a las iglesias
   Parte 1 37
5. El mensaje de Jesús a las iglesias
   Parte 2 51
6. El traslado de los redimidos 69
7. Los veinticuatro ancianos y la adoración
   celestial 83
8. Las aventuras del Anticristo 97
9. Vista panorámica de la gran tribulación 113
10. La segunda venida de Cristo 131
11. El juicio ante el gran trono blanco 145
12. El libro de la vida del Cordero 157
13. La única diferencia entre los que entrarán en
    la mansión celestial y los que no entrarán..... 171
14. Nuestra morada eterna 185

1

Profecías para el tiempo del fin

Apocalipsis 1.4-6

Numerosas profecías bíblicas se cumplieron en la primera venida del Señor Jesucristo a este mundo. Este hecho constituye la mejor garantía de que se cumplirá lo que está predicho en la Palabra de Dios para el tiempo del fin.

Basta tomar un período de una semana en la vida de Cristo y averiguar cuántas profecías se cumplieron en ella, para que uno quede asombrado con respecto a lo que en la Biblia se llama Profecía.

Tomemos la última semana en la vida de Jesús. Dediquémonos a considerar algunas profecías relacionadas con la primera venida de Jesús.

1. Profecías que se cumplieron al pie de la letra.

Estaba predicho, por ejemplo, que Cristo sería traicionado por un amigo (Salmo 41.9). Los evangelistas narran que Judas Iscariote lo traicionó (Mateo 26.47-50).

La Biblia decía que Él sería vendido por treinta piezas de plata (Zacarías 11.12). En Mateo 26.15 encontramos uno de los pasajes del Nuevo Testamento en el cual se nos dice que exactamente fue vendido por ese precio. Con tales monedas se compró el campo del alfarero, como estaba profetizado (Zacarías 11.13; Mateo 27.7).

Estaba predicha la dispersión de los discípulos el día cuando Jesús fuera atrapado. Se cumplió al pie de la letra (Zacarías 13.7; Marcos 14.50).

Decía la profecía:

- Que sería acusado por falsos testigos
  (Salmo 27.12 Cumplimiento: Mateo 26.59-61).

- Que Él enmudecería ante sus acusadores
  (Isaías 53.7. Cumplimiento: Mateo 27.12, 13).

- Que sería herido y molido
  (Isaías 53.5. Cumplimiento: Juan 19.1, 2).

- Que sería objeto de burla
  (Salmo 22.7, 8. Cumplimiento: Mateo 27.39, 49).

Otras profecías decían que sería escupido, que desfallecería con la cruz, que intercedería por sus perseguidores, que sería aborrecido sin causa y muchos otros detalles que se cumplieron esa semana.

2. Profecías que se cumplieron sin la intervención de Él

Algunos creen que Jesús manipuló los acontecimientos para que se cumplieran las profecías. Pero esto queda completamente desmentido por las profecías que se cumplieron cuando las decisiones fueron tomadas por otros o cuando Él no podía intervenir.

La profecía había anunciado:

- Que sus manos y sus pies serían horadados (Salmo 22.16. Cumplimiento: Juan 20.25).
- Que sería crucificado con inicuos (Isaías 53.12. Cumplimiento: Marcos 15.27, 28).
- Que sus amigos permanecerían alejados (Job 30.10; Lucas 23.49).
- Que la gente menearía la cabeza (Salmo 22.7; Marcos 15.29, 30).
- Que sería objeto de la curiosidad pública (Salmo 22.7,8; Mateo 27.39, 40).
- Que su ropa sería repartida por suertes (Salmo 22.18; Marcos 15.24).
- Que le ofrecerían hiel y vinagre (Salmo 69.21; Mateo 27.34).
- Que sus huesos no serían quebrados (Éxodo 12.46; Salmo 34.20; Juan 19.36).
- Que su costado sería traspasado (Zacarías 12.10; Juan 19.24).
- Que las tinieblas cubrirían la tierra (Amós 8.9; Mateo 27.45).
- Que sería sepultado con los ricos (Isaías 53.9; Mateo 27.57-60).

En todos estos cumplimientos estrictos de la profecía bíblica intervinieron otras personas que no conocían las Escrituras del Antiguo Testamento, o fueron hechos sobrenaturales.

3. El profeta bíblico y las profecías

El profeta bíblico fue un individuo divinamente inspirado para comunicar la voluntad de Dios y revelar lo futuro.

Estos dos aspectos de la profecía no siempre estuvieron separados, sino que muchas veces, mientras el profeta comunicaba la voluntad de Dios revelaba acontecimientos futuros que ni él mismo comprendía.

Tómese como ejemplo Isaías 7.1-14. De ahí que las profecías pueden tener varios cumplimientos. Unos inmediatos, otros a mediano plazo y otros a largo plazo. Esto es lo que algunos estudiosos llaman "profecías de doble referencia" (o cumplimiento) o "profecías de múltiple cumplimiento".

Ahora bien, la mayor parte de las profecías no se han cumplido aún. Unas cuantas se están cumpliendo en la actualidad, por ejemplo, la estructuración de la Comunidad Económica Europea y el establecimiento definitivo de Israel como nación, a partir del 14 de mayo de 1948. Pero el mayor volumen de ellas aguarda su cumplimiento y también se cumplirán en una semana que no será de días, sino de años.

En este libro nos proponemos estudiar las profecías relacionadas con el tiempo del fin para averiguar la relación que tienen con nosotros como Iglesia de Cristo, con Israel como pueblo de Dios, y con los que no pertenecen a la Iglesia de Cristo ni al pueblo de Dios.

Este libro también pudiéramos titularlo: La actualidad del asombroso mensaje de Apocalipsis. Es asombroso comparar los hechos diarios de nuestro tiempo con lo que predice este libro.

Cuando hayamos concluido estos estudios, se espera que el lector:

- Sepa distinguir las profecías que se refieren al tiempo del fin.
- Haya mejorado su conducta cristiana en cuanto a la relación con Cristo, en lo referente a la vida espiritual y en lo que tiene que ver con el testimonio que debe presentar ante el mundo, en conformidad con lo que se lee en 1ª de Juan 3.3.
- Sepa clasificar las profecías que se refieren al traslado de la Iglesia a la presencia de Cristo y las que se relacionan con la venida personal de Cristo a establecer su reino milenario.
- Pueda interpretar de una manera bíblica coherente las profecías relacionadas con el tiempo del fin, especialmente Apocalipsis.
- Haya comprendido que el contenido de Apocalipsis sí es pertinente para la enseñanza: *"Bienaventurado el que lee, y los que oyen las palabras de esta profecía";* y es un libro enviado directamente a las "iglesias" evangélicas (Apocalipsis 1.4, 5).

Seguiremos un plan tomado de Apocalipsis. Este libro, en su capítulo 1, versículo 19, presenta un plan general de la misma revelación: *"las cosas que has visto",* es decir, la revelación de Jesucristo (1.1-8) y una visión en que se nos presenta al Hijo de Dios (1.9-20).

Luego vienen *"las cosas que son"*, es decir, los mensajes dirigidos a siete iglesias que había en Asia Menor en el primer siglo, sobre las cuales ejercía influencia el apóstol Juan, y a la iglesia universal de todos los tiempos (Apocalipsis, capítulos 2 y 3).

Por último, *"las que han de ser después de estas"*. Es decir, los eventos finales de la historia de la humanidad, el traslado de la Iglesia, la gran celebración celestial y a la gran tribulación terrenal. Prácticamente, esta sección abarca desde el capítulo 4 hasta el 22 del último libro de la Biblia.

Profundicemos
Profecías para el tiempo del fin

1. ¿Cuántas profecías se cumplieron en la primera venida de Cristo?

   Ninguna ☐ *Pocas* ☐ *Muchas* ☐

2. ¿Puedes mencionar un par de ellas?

   _____
   _____
   _____

3. ¿Qué nos garantiza el hecho de que se hayan cumplido?

   _____
   _____

4. ¿En cuál pasaje bíblico estaba predicho que Cristo sería traicionado?

   _____

5. ¿Cuál pasaje bíblico indica su cumplimiento?

   _____

6. ¿Por qué tenía que ser vendido Jesús por 30 piezas de plata?

   _____
   _____

7. Explica si hubo la posibilidad de que Jesús manipulara los acontecimientos para hacer que se cumplieran las profecías.

   _____

   _____

8. ¿Cómo se prueba que no los manipuló?

   _____

   _____

9. ¿Cuáles fueron las dos funciones del profeta bíblico del Antiguo Testamento?

   _____

   _____

   _____

   _____

10. ¿Qué significa la expresión "profecías de múltiple cumplimiento?

    _____

    _____

11. Menciona un par de profecías que se están cumpliendo en la actualidad.

    _____

    _____

    _____

    _____

12. ¿Cuándo se cumple la mayor parte de las profecías bíblicas?

   Ya se cumplió. ☐
   Se está cumpliendo. ☐
   Está por cumplirse. ☐

13. ¿Crees que las profecías para el tiempo del fin tienen relación con la Iglesia de Cristo?

   Sí ☐ *No* ☐ *Explica.*

   _____

   _____

14. Además de Apocalipsis, ¿hay otros libros bíblicos que se refieren al tiempo del fin? Menciónalos.

   _____

   _____

   _____

   _____

15. Según Apocalipsis 1.19, ¿cuál es el plan general del libro?

   _____

   _____

   _____

   _____

2

La revelación de Jesucristo

Apocalipsis 1.1-3

¿Qué diferencia de significado tiene la palabra *revelación* en los siguientes ejemplos?

- *Mas os hago saber, hermanos, que el evangelio anunciado por mí, no es según hombre; pues yo ni lo recibí ni lo aprendí de hombre alguno, sino por revelación de Jesucristo* (Gálatas 1.11, 12).

- "La revelación se conoció al salir los ministros de la reunión del gabinete."

- "Anoche tuve una revelación. El Señor me dijo que tú debes casarte conmigo."

Esta palabra tiene dos acepciones principales: Primera, es la acción de revelar un secreto. Con este sentido la usan los periodistas que citamos en el ejemplo 2.

Segunda, es la inspiración por medio de la cual Dios da a conocer su voluntad. Este es el uso que se le da en el ejemplo 1.

Por supuesto, también se llama revelación lo que es revelado, como cuando decimos: la religión revelada, es decir, una revelación.

El ejemplo 3 queda fuera de definición y también fuera de la práctica correcta, pues en ese caso, Dios hubiera preferido dar a entender su voluntad simultáneamente a la otra persona.

Por tanto, cuando hablamos de temas bíblicos, es mejor que apartemos las palabras revelación y revelar para referirnos a la inspiración por la cual Dios da a conocer su voluntad. Esta voluntad la dio a conocer de manera terminante y total a través de los autores inspirados que escribieron la Biblia.

Así que hoy Él nos ilumina, nos manifiesta su voluntad a través de la Biblia, que es la Palabra de Dios. Cuanto más la leamos con humildad, sometimiento y oración, mejor comprenderemos la voluntad del Señor para nuestras vidas.

Como veremos en estos versículos, la revelación es una cadena maravillosa en la cual Dios se complace. Dediquémonos a ver cuáles son sus eslabones.

1. El Eslabón que da origen a esta cadena: Dios

Él es el que da origen a todas las cosas. Lo asombroso es que haya querido revelarse. Sin embargo, esta es una verdad que tiene como evidencia indubitable una biblioteca de 66 libros que llamamos la Biblia.

Por medio de unos 36 hombres, a través de un período aproximado de 1.500 años, Él trató de revelarse a los hombres, de darles a conocer su voluntad, *"muchas veces y de muchas maneras"*.

En los días postreros decidió hablarnos

Por el Hijo, a quien constituyó heredero de todo, y por quien asimismo hizo el universo; el cual, siendo el resplandor de su gloria, y la imagen misma de su sustancia, y quien sustenta todas las cosas con la palabra de su poder, habiendo efectuado la purificación de nuestros pecados por medio de sí mismo, se sentó a la diestra de la Majestad en las alturas, hecho superior a los ángeles, cuanto heredó más excelente nombre que ellos (Hebreos 1.1-4).

Pero cuando Cristo Jesús, voluntariamente y para salvar a los pecadores,

Se despojó a sí mismo, tomando forma de siervo, hecho semejante a los hombres (Filipenses 2.7).

También se despojó, de manera voluntaria y temporal, de su omnisciencia absoluta, a tal punto que, cuando habló del tiempo del fin, dio declaraciones como la siguiente:

Pero del día y la hora nadie sabe, ni aun los ángeles de los cielos, ni el Hijo, sino el Padre (Marcos 13.32).

Esto nos lleva a la segunda parte del estudio.

2. El eslabón fundamental de la cadena de la revelación: Jesucristo

Apocalipsis comienza con las palabras:

La revelación de Jesucristo, que Dios le dio.

Lógicamente, por cuanto Él es la segunda Persona de la santísima Trinidad, le corresponde la omnisciencia como atributo.

Pero puesto que se despojó de ella mientras vino a salvar a los pecadores, cuando regresó al Padre, aquello fue como una indescriptible revelación que el Padre le dio, no sólo del día y de la hora, sino de todos los conocimientos sobre lo pasado, lo presente y lo futuro que con carácter absoluto le corresponden a la Deidad.

Pero la especial revelación contenida en el libro de Apocalipsis se la dio con un objetivo especial: *"para manifestar a sus siervos las cosas que han de suceder pronto"*.

Esto también puede expresarse de otro modo: el Padre se deleita en que el Hijo disfrute de una manera especial de revelarse a sí mismo y de revelar las cosas que han de suceder pronto.

Hay intérpretes bíblicos que prefieren entender que esta es una revelación acerca de Jesucristo. No está mala la interpretación, ni contradice en nada la anterior. Sin embargo, el sentido del versículo 1 da a entender que Dios le encomendó a Jesucristo que revelara el contenido del Apocalipsis a sus siervos.

¡Qué privilegio nos concedió el Señor cuando nos dio esta revelación!

3. El eslabón angélico

Muchas veces Dios dio su revelación por medio de ángeles. La misma palabra ángel significa *mensajero*. Por este motivo, a veces se aplica a hombres que cumplen función de mensajeros, como en los capítulos 2 y 3 de Apocalipsis, donde se aplica este nombre al pastor de cada iglesia.

La Biblia es un libro de ángeles. Sólo unos pocos de los 66 libros que la componen no mencionan esta palabra (Rut, Nehemías, Ester, las Epístolas de Juan y Santiago).

Según Hebreos 1.14, los ángeles son *"espíritus ministradores"* de Dios, y su función es servir a los *"herederos de la salvación"*.

Muchos pasajes de la Biblia son revelaciones de Dios dadas a través de un ángel. Como ejemplo podemos citar la revelación que Dios dio por medio del ángel Gabriel a la virgen María, con respecto a la concepción y al nacimiento de nuestro Señor Jesucristo.

¿Cómo sabemos que esa es revelación? Porque cuando Dios escogió a un hombre gentil llamado Lucas, de profesión médico, para que escribiera la Palabra de Dios, Él le reveló que exactamente eso fue lo que ocurrió el día de la anunciación.

La totalidad del libro de Apocalipsis es una revelación que Dios el Padre y nuestro Señor Jesucristo nos dieron por medio de un ángel. Así vemos que este es un libro de ángeles.

Si los demás libros de la Biblia nos habían mencionado los ángeles muchas veces, Apocalipsis nos dice cuáles son algunas de sus funciones, nos da una idea de los millones de seres angélicos, los clasifica de diversas maneras, incluso nos menciona algunos ángeles buenos y otros malos.

Por dondequiera que nos movemos hay ángeles. Ellos cumplen lo que Dios les señala con respecto a cada uno de nosotros. Tienen su gran ministerio en el traslado de la Iglesia de Cristo a la mansión celestial y en el descenso de Él en su segunda venida. Los grandes eventos de la gran tribulación estarán dirigidos por ellos.

Gracias a Dios y a nuestro Señor Jesucristo por habernos dado esta revelación por medio de un ser angélico.

4. El eslabón humano

Nuestro Dios es sencillamente extraordinario. El ha querido incluir al hombre en todos sus planes.

Al profeta Amós le dio la siguiente revelación:

Porque no hará nada Jehová el Señor, sin que revele su secreto a sus siervos los profetas (Amós 3.7).

Es la razón por la cual existen las Sagradas Escrituras: Dios quiso revelar su voluntad y sus planes futuros a la humanidad por medio de ciertos hombres que se mantuvieron en íntima comunión con Él. Uno de ellos fue *"su siervo Juan"*.

A continuación, Juan nos presenta las primeras vislumbres de lo que será el libro de Apocalipsis:

1) Su contenido:

... el testimonio (dado por Juan) *de la Palabra de Dios, y del testimonio de Jesucristo, y de todas las cosas que ha visto* (Apocalipsis 1.2).

2) La bienaventuranza en relación con este libro:

Bienaventurado el que lee, y los que oyen las palabras de esta profecía, y guardan las cosas en ella escritas; porque el tiempo está cerca (Apocalipsis 1.3).

3) Los destinatarios del contenido del libro,

Que en realidad es una revelación de Dios y de Jesucristo, enviada a manera de una epístola: *las siete iglesias que están en Asia* (Apocalipsis 1.4-7). Se refiere al Asia Menor, región que hoy se llama Turquía.

4) El aperitivo:

He aquí que viene con las nubes, y todo ojo lo verá, y los que lo traspasaron, y harán lamentación por Él todos los linajes de la tierra. Sí, amén (Apocalipsis 1.7; Biblia Textual).

5) Descripción de Aquel que envía las Epístolas a través de Juan:

Yo soy el Alfa y la Omega (la primera y última letras del alfabeto griego), *principio y fin, dice el Señor, el que es y que era y que ha de venir, el Todopoderoso* (Apocalipsis 1.8).

Nos sentimos, de una vez, impulsados a postramos y rendir tributo de adoración al que vive para siempre, que ha de venir, el Todopoderoso.

Profundicemos
La revelación de Jesucristo
Apocalipsis 1.1-3

1. ¿Qué significado tiene la palabra *"revelación"* en Gálatas 1.12?

   _____

2. ¿Será correcto decirle a un hermano: El Señor me reveló que tú vives en pecado? *Sí ☐ No ☐ Explica.*

   _____

   _____

3. La revelación es:

   ☐ *un sueño.*
   ☐ *una intuición.*
   ☐ *un pensamiento que viene mientras oramos.*
   ☐ *una comunicación especial de la voluntad de Dios a través del Espíritu Santo.*

4. Según Hebreos 1.1, ¿cuántas veces habló Dios?

   Muchas ☐ Pocas ☐ Nunca ☐

5. ¿Cómo habló Dios en el antiguo tiempo?

   _____

   _____

6. ¿De qué manera nos ha hablado Dios en los postreros días?

   _____

   _____

7. ¿De qué se despojó Jesús en forma temporal y voluntaria cuando vino a salvarnos?

   _____

   _____

8. ¿Por qué se puede decir que, en el caso de Apocalipsis, hay una cadena de revelación?

   _____

   _____

   _____

   _____

9. ¿Cuál es el primer eslabón de esta cadena?

   _____

   _____

10. Según Amós 3.7, dí qué hace Dios con sus secretos en relación con los profetas.

    _____

    _____

11. ¿Cuál es el segundo eslabón?
   _____
   _____

12. ¿Con cuál propósito se dio *"La revelación de Jesucristo"*?
   _____
   _____

13. ¿Cuál es el tercer eslabón de la cadena?
   _____
   _____

14. ¿Qué importancia tienen los ángeles en Apocalipsis?
   Extraordinaria ☐   *Mucha* ☐   *Poca* ☐

15. ¿Cuál es el cuarto eslabón?
   _____

16. ¿A quiénes fue enviado Apocalipsis?
   _____

3

El Alfa y la Omega
Apocalipsis 1.10, 11

Alfa es el nombre de la primera letra del alfabeto griego, y *Omega* es el nombre de la última.

Se dice que es *prosa* aquella estructura del lenguaje que no está sujeta a medida y cadencia. En cambio, se dice que es *verso* la estructura del lenguaje que se somete a medida, rima y ritmo.

En nuestro tiempo poco aplican los metristas estos elementos, por cuanto prevalece el verso libre, que no tiene medida, ni rima, ni ritmo externos. Se dice que los aplican internamente, es decir, en las ideas que expresan y en el equilibrio que guardan tales pensamientos.

El Apocalipsis de Juan fue escrito en verso.

En la poesía hebrea se usaba abundantemente el paralelismo. En esta forma de poesía, el segundo verso corresponde, contradice o completa el primero. Muchas veces el segundo sencillamente repite en otras palabras lo que dice el primero, con el propósito de imprimir con más nitidez la idea o de conmover más profundamente los sentimientos.

Aunque Juan escribió en griego, se nota aquí que él era hebreo.

La anterior explicación nos sirve para entender lo que significan las palabras *"... el Alfa y la Omega"* como descripción de nuestro Señor Jesucristo.

En el versículo 11 leemos: *"Yo soy el Alfa y la Omega"*. Luego, en la línea paralela, repite: *"el primero y el último"*. Eso, pues, es lo que significan las palabras *"el Alfa y la Omega"*.

Esto mismo ocurre en el versículo 8 del capítulo 1, donde el paralelo es triple:

Yo soy el Alfa y la Omega, principio y fin,

... el que era y que es y que ha de venir.

En esta porción de la Palabra de Dios tenemos una visión extraordinaria. Dios la utilizó como medio para comunicar la revelación que le dio a su siervo Juan.

Tal vez Dios no nos dé a nosotros el mismo ministerio, pero sí nos da la oportunidad de extasiarnos con la narración escrita que el Espíritu Santo conservó para nosotros.

Así que, concentremos todos nuestros recursos personales y dediquémonos a estudiar la visión de Juan.

Con el objeto de entender mejor el pasaje bíblico, dividamos este capítulo en tres partes:

1. Las circunstancias del visionario
2. La gloria del Hijo del Hombre
3. Propósitos esenciales de la visión

1. Las circunstancias del visionario

Cuando hablamos de "visionario" no nos referimos al que cree ver visiones sobrenaturales. A éste preferimos llamarlo alucinado o iluso. Tampoco aludimos a una persona de ideas extravagantes, ni siquiera al vidente que, según nuestra lengua, es "el que pretende ver lo pasado y lo futuro".

Al hombre que recibió esta visión debemos llamarlo *"visionario"* en el sentido de que Dios lo dotó de la capacidad de ver visiones.

Juan no estaba acostumbrado a las visiones extraordinarias. El mismo dice:

Cuando lo vi, caí como muerto a sus pies. (Apocalipsis 1.17).

Juan no se declara mago, ni astrólogo, ni profeta. Después de tan tremenda visión, pasa a cumplir el mandato que recibió en ella con el espíritu más humilde que pueda tener un cristiano:

Yo, Juan, vuestro hermano, y copartícipe vuestro en la tribulación, en el reino y en la paciencia de Jesucristo (Apocalipsis 1.9).

1) Circunstancias de lugar

El autor dice que *"estaba en la isla llamada Patmos"*. Esta isla se encuentra en el mar Egeo, al suroeste de la ciudad de Éfeso. Sólo tiene unos 25 kilómetros de circunferencia.

Según la tradición más conocida y aceptada por los cristianos a través de los tiempos, Juan era pastor de la iglesia de Éfeso.

Sin embargo, en el momento de la visión, él no estaba en su casa, sino en dicha isla. ¿Estaría allí haciendo turismo? ¿Estaría pescando mientras preparaba un sermón?

2) Circunstancias de causa

El mismo versículo 9 nos indica la causa por la cual se hallaba allí:

... por causa de la Palabra de Dios y el testimonio de Jesucristo (Apocalipsis 1.9).

Todo parece indicar que estaba allí más o menos como un desterrado, como un proscrito. Tenía la isla por cárcel. Las palabras *"por causa de"* pudieran indicar que, por causa de que él predicaba la Palabra de Dios, es decir, anunciaba lo que Dios demanda de los hombres, y daba testimonio de Jesucristo, fue desterrado a la isla de Patmos.

3) Circunstancias de tiempo

En el libro de Apocalipsis hay varios pasajes que indican que en ese tiempo se adoraba al emperador. A los que rigen imperios mundiales se les da el nombre de "bestias".

Aunque hubo varios emperadores que estuvieron a favor de que su estatua fuera adorada, el tiempo en que esta tendencia llegó a ser preponderante fue durante el período del emperador Domiciano, quien gobernó desde el año 81 hasta el 96 d. de J. C.

Por otra parte, el mismo libro da indicios de que fue escrito en un tiempo de gran persecución. Antipas había sido muerto (2.13); Juan estaba desterrado (1.9); a la iglesia de Esmirna se le dice que va a "padecer" y que algunos de sus miembros irán a parar en la cárcel (2.10).

Una de las visiones de Juan se refiere a "*los que habían sido muertos por causa de la Palabra de Dios y del testimonio que tenían*" (Apocalipsis 6.9).

Estos pasajes y hechos, entre muchos otros que aparecen en el libro, parecen indicar que Apocalipsis fue escrito durante el tiempo del emperador Domiciano, quien realizó una de las grandes persecuciones contra la iglesia de Cristo y exigió adoración para si mismo.

Pudiéramos asignarle como fecha en que fue escrito entre el año 90 y el 95 d. de J. C.

2. La gloria del Hijo del hombre

En Apocalipsis hay lenguaje recto y figurado. Juan no usa lenguaje figurado cuando dice:

Gracia y paz a vosotros,... de Jesucristo el testigo fiel, el primogénito de los muertos, el soberano de los reyes de la tierra (1.4, 5).

Uno tiene que investigar el significado de las palabras *"gracia"*, *"testigo fiel"*, *"primogénito de los muertos"* y *"soberano de los reyes de la tierra"* en la tradición del pueblo del escritor, Israel, y en el idioma en que escribió el libro: griego común.

Pero cuando, en el versículo 12, dice: *"Me volví para ver la voz que hablaba conmigo",* es lógico que nadie ve una voz. El autor usa una figura retórica, llamada en español sinécdoque, que consiste en tomar una parte por el todo o viceversa.

En estas figuras también se acostumbra tomar la materia por el objeto, como cuando leemos: *"Sonaron los bronces"* en vez de Sonaron las campanas.

Él había sido testigo ocular de que el Señor había ascendido y sabía que estaba a la diestra del Padre. Así que no esperaba ver a Jesucristo corporalmente, pero tuvo la impresión de que esa era la voz de Él que venía de la gloria.

Lo más natural era que se le produjera esta mezcla de zonas sensoriales: la figura sensorial auditiva con la figura sensorial visual. La visión se fue aclarando a medida que pudo concentrar un poco la mirada. Primero vio sólo siete candeleros (versículo 13), pero después logró distinguir al Hijo del Hombre.

Así pasa hoy cuando una persona se inicia en la fe cristiana. Primero sólo ve el edificio que llamamos "templo" y a unas personas que entran y salen; pero si logra concentrarse; verá al Hijo del Hombre, en la Palabra de Dios, en las vidas de los redimidos, en el testimonio cristiano.

Notable es el hecho de que el autor presenta la gloria del Señor Jesucristo mediante la descripción de siete rasgos físicos, como para que las iglesias comprendan que el Personaje de la visión es la Revelación de Dios, el que se hizo hombre para rescatar a los hombres e identificarse con ellos, primero corporalmente, y luego, por medio de su Espíritu.

Recordemos, además, que el visionario estaba *"en el espíritu"*, es decir, en un éxtasis espiritual, y que estaba *"en el día del Señor"*.

Estas palabras no se refieren al domingo, pues en el Nuevo Testamento a este día se le da el nombre de "primer día de la semana".

"El día del Señor" es el período que comenzará cuando Cristo descienda a este mundo por segunda vez, y terminará con la purificación de los cielos y de la tierra por medio del fuego, en preparación para el estado eterno (Apocalipsis 21.1; 2ª de Pedro 3.13; Isaías 65.17).

No se deben confundir las expresiones *"día del Señor"* y *"día de Cristo"*.

Ésta última se refiere a un tiempo previo al *"día del Señor"*, el cual comenzará con el descenso de Cristo hasta el aire para llevar a su iglesia a estar con Él para siempre (1ª a los Tesalonicenses 4.16, 17), y continuará con la premiación para los cristianos por la obras que hayan hecho después de haber recibido la salvación en Cristo (1ª a los Corintios 3.11-15; 2ª a los Corintios 5.10), y la celebración de las bodas del Cordero (Apocalipsis 19.6-8).

Todo esto ocurrirá antes que Cristo venga a poner su pie en el monte de los Olivos (Zacarías 14.1-4), momento inaugural del *"día del Señor"*.

Aunque la descripción del Hijo del Hombre no es figurada, no debemos olvidar que en todo idioma hay cosas que son símbolos de otras.

Los siguientes son los rasgos físicos de la descripción:

1) *Su cabeza y sus cabellos eran blancos como blanca lana, como nieve* (Apocalipsis 1.14).

El color blanco es intenso en la lana, aunque no toda la lana es blanca. Este rasgo representa la sabiduría y la santidad del Señor. Lo más importante es que de Jesucristo se da la misma descripción que se da del Padre eterno en el Antiguo Testamento (Daniel 7.9).

2) *...sus ojos como llama de fuego* (Apocalipsis 1.14)

Esta parte también se puede traducir: "...sus ojos lanzaban fuego". Si la descripción de la cabeza nos dejó la impresión de calma y dignidad carentes de energía, de inmediato se rectifica con la descripción de sus ojos.

Esta descripción se refiere a su penetrante mirada de ardiente santidad. En 1ª a los Corintios

3, nos dice la Palabra de Dios que la obra de cada cristiano, después de convertido, *"por el fuego será revelada", "el fuego la probará".*

Si la obra de alguno se quemare, él sufrirá pérdida, si bien él mismo será salvo, aunque así como por fuego.

Este fuego está en los ojos de nuestro glorioso Señor.

3) ...sus pies semejantes al bronce bruñido, refulgente como en un horno (Apocalipsis 1.15).

Bruñir es abrillantar, sacar brillo. Para que el bronce o cualquiera aleación del cobre brille hasta quedar "refulgente", hay que someterlo a un duro tratamiento.

Así que este rasgo puede simbolizar el sufrimiento de Cristo en su vida terrenal, que lo llevó a ser un Sumo Sacerdote benigno (Hebreos 4.15).

4) ...su voz como estruendo de muchas aguas (Apocalipsis 1.15).

Esta es la calificación que el profeta Ezequiel le aplicó en el Antiguo Testamento a la voz de Dios (Ezequiel 43.22). Una poderosa catarata produce un sonido tan estruendoso que opaca a todos los demás.

5) Tenía en su diestra siete estrellas (Apocalipsis 1.16).

La mano derecha indica el lugar de honor.

Según la interpretación que dio el mismo Señor en el versículo 20, tales estrellas simbolizan a los ángeles de las siete iglesias.

La palabra "ángel" significa *mensajero*. Puede referirse a un ser sobrenatural, y en ese caso implicaría que cada iglesia tiene un ángel guardián; o en un sentido no técnico pudiera referirse a un mensajero humano (ver Santiago 2.25; Lucas 9.52). Podría referirse, pues, a los pastores de las iglesias.

En cualquier caso, llama la atención el hecho de que el Señor Jesucristo tiene a los representantes de las iglesias, angélicos o humanos, en el sitio de honor, a pesar de las duras críticas que expresa contra ellas en los capítulos 2 y 3.

Esto nos enseña, por lo menos, que aunque Dios no está de acuerdo con la frialdad, la apatía, el descuido, la superficialidad, la mundanalidad de la iglesia, sin embargo, la ama y la protege.

"... de su boca salía una espada aguda de dos filos" (versículo 16). El apóstol Pablo describió la Palabra de Dios como *"la espada del Espíritu"* (Efesios 6.17).

En Hebreos 4.12 se nos enseña que la Palabra de Dios es *"más cortante que toda espada de dos filos."*

Es evidente, pues, que esta descripción es figurada, y se refiere a las palabras que pronuncia nuestro Señor contra las iglesias, a causa de la condición espiritual de éstas.

6) ...*su rostro era como el sol cuando resplandece en su fuerza* (Apocalipsis 1.16).

Los judíos comparaban un resplandor deslumbrante con la brillantez del sol (Apocalipsis 10.1; Mateo 13.43; Jueces 5.31). El complemento *"cuando resplandece en su fuerza"* se refiere a la luz solar a la hora del mediodía, cuando no hay ápice de nube.

Además de estas características corporales, Juan notó que el Hijo del Hombre estaba *"vestido de una ropa que llegaba hasta los pies"* (versículo 13); y dice que estaba *"ceñido por el pecho con un cinto de oro"*. Esta manera de presentarse el Señor da la impresión de realeza.

3. Propósitos esenciales de la visión

Algunos dicen que estos rasgos simbolizan la fuerza con que nuestro Señor Jesucristo se enfrentará a los enemigos. Tal vez eso sea así cuando rasgos iguales o similares aparezcan en el contexto de otras visiones del mismo libro.

Pero en los tres primeros capítulos de Apocalipsis simbolizan la fuerza con que nuestro Señor Jesucristo se enfrenta a su propia iglesia.

Podemos resumir en tres los propósitos esenciales:

- Recordar a Juan y a las iglesias, de una manera impresionante, que por más que haya persecución, cárcel, muerte o destierro, el Señor cumple su promesa:

...he aquí yo estoy con vosotros todos los días hasta el fin de los siglos (Mateo 18.20; Biblia Textual).

Así que, si somos fieles, cualquier cosa que nos pase la permite Él para glorificarse en nosotros.

- Permitir que Juan y las iglesias caigan en la cuenta de que Jesús, en su condición exaltada a la diestra del Padre, ya no es el humilde bebé de Belén, ni un manso cordero.

En este sentido, Él no sólo es humano y Salvador, sino también el Señor del que cree en Él y de la Iglesia suya.

- Dar a conocer a Juan y a las iglesias el plan que Dios tiene para el fin de la era de la gracia.

Las iglesias son los candeleros entre los cuales anda Él. Ellas no tienen luz propia, sino que irradian la de Él. Pero tienen que irradiarla, pues de lo contrario Él se les enfrenta con toda la fuerza que le hemos contemplado en esta visión.

Inclinémonos ante nuestro Señor, y aceptemos humildemente sus reprensiones por nuestra superficialidad y apatía.

Profundicemos
El Alfa y la Omega
Apocalipsis 1.9-20

1. ¿Qué significan las palabras *"Alfa"* y *"Omega"*?
   _____
   _____

2. ¿En qué consiste el paralelismo en la poesía hebrea?
   _____
   _____

3. En nuestro estudio, ¿qué significa la palabra *"visionario"*?
   _____

4. ¿Dónde se hallaba Juan cuando recibió la visión?
   _____

5. ¿Por qué estaba allá?
   _____

6. ¿Cuál figura retórica usa Juan cuando dice: *"Me volví para ver la voz"*?
   _____

7. ¿A cuál período se refiere *"el día del Señor"*?
   _____
   _____

8. ¿Qué significa la expresión *"el día de Cristo"*?

   _____
   _____

9. ¿Qué simbolizan los cabellos y la cabeza blancos?

   _____
   _____

10. ¿Qué impresión te dejaron *"sus ojos como llama de fuego"*?

    _____
    _____

11. ¿Qué simbolismo tienen *"los pies semejantes al bronce bruñido"*?

    _____
    _____
    _____
    _____

12. ¿A cuál otro Personaje le oyó Ezequiel *"una voz como estruendo de muchas aguas"*?

    _____

13. ¿Qué significado tienen las siete estrellas que el Señor tiene en su diestra?

    _____
    _____

14. ¿Contra quiénes sale la espada aguda de dos filos?
_____

15. ¿Cómo era el rostro del Señor?
_____
_____

16. ¿Cuáles fueron los propósitos de Dios con esta visión?

   1)_____
   _____

   2)_____
   _____

   3)_____
   _____

4

El mensaje de Jesús a las iglesias

Apocalipsis, capítulos 2 y 3

Primera parte

En la costa occidental de la península de los Balcanes, llamada Asia Menor en el primer siglo de nuestra era, hoy parte de Turquía, había un semillero de iglesias evangélicas que habían sido fundadas por el trabajo misionero del apóstol Pablo. Éstas se habían fortalecido mediante la obra pastoral del anciano apóstol Juan y de otros extraordinarios líderes como Timoteo y Tito.

Era algo así como lo que hoy llamamos una organización de iglesias cristianas evangélicas que estaban bajo la poderosa influencia espiritual del apóstol Juan: Éfeso, Esmirna, Pérgamo, Tiatira, Sardis, Filadelfia y Laodicea.

Estas no eran las únicas iglesias que había en este sector de la península. Allí también había agrupaciones evangélicas en ciudades como Colosas, Mileto, Troas y otras.

Lo más natural era que Juan, mientras estaba desterrado en la isla de Patmos, estuviera preocupado por estas iglesias. El Señor premió tal preocupación al dirigir una carta a cada una de ellas.

Las cartas fueron, pues, escritas a siete iglesias reales, que tenían fortalezas y debilidades espirituales reales. Pero, tal como ocurre hoy, tales fortalezas y debilidades las había en mayor o menor grado en todas las iglesias.

Por tanto, puesto que el Apocalipsis fue el último libro que Dios inspiró como revelación divina, tenía importancia para el pueblo de Dios en todas partes, en ese tiempo, y la tiene en todos los tiempos, en la misma forma como la tienen las demás epístolas del Nuevo Testamento.

1. El carácter profético de este mensaje

En el momento en que se les dirigieron las cartas, estas iglesias no representaban a la Iglesia de Cristo en períodos específicos de la historia. Sin embargo, como este es un libro de profecía, tales caracteres eclesiásticos han tenido un cumplimiento histórico.

Dicho esto de otra manera equivalente, ha habido períodos de la historia eclesiástica cuyas características han sido muy similares a alguna de estas siete iglesias.

- La iglesia de Éfeso tuvo características similares a las de la iglesia apostólica en general (30 a 100 d. de J. C.). En verdad trabajaba arduamente por amor a Cristo, pero con relación a lo demás, el Señor le dijo: *"...has dejado tu primer amor."*

- La iglesia de Esmirna fue una iglesia perseguida, como lo fue la iglesia en general durante los años 100 a 312 d. de J. C.

- La iglesia complaciente de Pérgamo se ve como si fuera un símbolo de lo que ocurrió con Constantino, quien estableció el cristianismo como religión del estado.

  La iglesia comenzó a paganizarse. Comenzó a orar por los muertos, a adorar a los santos, a los ángeles y a la virgen María y a practicar muchas otras cosas tomadas del paganismo (313 d. de J. C. hasta la gran tribulación).

- La iglesia de Tiatira, que toleró a la falsa profetisa Jezabel, permitió la fornicación y la adoración a los ídolos, nos hace recordar a la iglesia medieval, completamente sumida en el pecado y el paganismo (606 d. de J. C. hasta la gran tribulación).

- La iglesia de Sardis, a la cual Cristo acusó de estar muerta, pudiera representar a la rama de la iglesia llamada cristiana que ha perdurado en el paganismo (1520 d. de J. C. hasta la gran tribulación).

- A la iglesia de Filadelfia se le abrió una puerta y, aunque tenía poca fuerza, guardó la Palabra de Dios y no negó su nombre, tal como le aconteció a la iglesia de la Reforma (1750 d. de J. C. hasta el traslado de la Iglesia de Cristo).

- La iglesia de Laodicea, por su frivolidad y superficialidad es muy similar a la iglesia de nuestro tiempo, que es la iglesia apóstata y materialista.

2. Modelo general de las cartas

- Destinatario
- Algún título de Cristo, generalmente tomado de la descripción del capítulo 1
- Reconocimiento y felicitación por lo bueno (menos a Laodicea)
- Aplicación de la espada aguda de dos filos (excepciones: Esmirna y Filadelfia)
- Advertencia
- Exhortación
- Una promesa

En las últimas cuatro cartas enviadas a las iglesias se invierte el orden de la exhortación y la promesa.

Se nota, pues, que hay un plan. Probablemente en todas las iglesias había las fortalezas y debilidades que se mencionan para cada una en particular, pero prevalecían las que se anotan.

Por otra parte, en todos los tiempos, a través de la historia, todas las iglesias también han tenido prácticas positivas y prácticas mejorables.

Sin embargo, en ciertos períodos históricos se han destacado algunas características que han hecho que la iglesia sea similar a alguna de las iglesias mencionadas en los capítulos 2 y 3 de Apocalipsis.

3. El mensaje

Trataremos de aprender aunque sea una lección del mensaje que Cristo envió a cada una de estas siete iglesias.

Mensaje a Éfeso (Apocalipsis 2.1-7)
La necesidad del primer amor

A esta iglesia casi no se le ve un defecto. El Señor reconoce sus obras, su paciencia, no soporta a los malos, pone a prueba a los herejes y les descubre la mentira, ha sufrido, ha tenido paciencia, ha trabajado arduamente por amor al Señor y no ha desmayado.

Sin embargo, tiene una mácula: *"...has dejado tu primer amor."*

De nada sirven las obras, si no se hacen con un amor a Cristo, como el que sienten recíprocamente los recién casados. Si la paciencia no es por amor a Cristo, no vale nada.

El hecho de cuidarse de las herejías merece la felicitación, pero si no se hace por amor al Señor, de nada sirve. El sufrimiento y la paciencia sólo tienen un gran valor cuando se entregan como una ofrenda de amor al Señor. El hecho de no desmayar es loable, pero debe ser impulsado por el amor a Cristo.

Lo único que seguía haciendo esta iglesia por amor del nombre del Señor era el arduo trabajo de evangelización. En esto nos aventajó, no sólo la iglesia de Éfeso, sino toda la iglesia primitiva, a tal punto que Pablo estaba convencido de que el Evangelio

... Se predica en toda la creación que está debajo del cielo (Colosenses 1.23).

Si no amo a Cristo con todo el fervor que experimenté en los primeros días de mi conversión a Él,

> *Vengo a ser como metal que resuena, o címbalo que retiñe ... nada soy ... de nada me sirve ...* (1ª a los Corintios 13.1-3).

A nosotros, que estamos en igual o peor condición, nos corresponde la exhortación:

> *Recuerda, por tanto, de dónde has caído, y arrepiéntete, y haz las primeras obras* (Apocalipsis 2.5).

Mensaje a Esmirna (Apocalipsis 2.8-11)
La persecución refina a una iglesia fiel.

A esta iglesia no se le reclama absolutamente nada. Hacía obras por amor al Señor, estaba pasando por mucha tribulación (pero no por la gran tribulación, que es un evento futuro), era pobre (pero el Señor le dice que es rica), y soportaba la blasfemia de algunos judíos que no aceptaban el nuevo pacto.

Pero cuando el cristiano ha dado el paso definitivo de consagración a Dios, Él quiere llevarlo a niveles superiores de perfeccionamiento espiritual.

Lo mismo hace con la iglesia. Esto por el hecho de que el destino del cristianismo y de la Iglesia de Cristo es el de estar en la presencia de Él para siempre.

El Señor, que es omnisciente, sabe que lo mejor que hay para el perfeccionamiento de esa iglesia, en el estado en que se encuentra, es la persecución. Por tanto, se la anuncia:

> *No temas en nada lo que vas a padecer. He aquí el diablo echará a algunos de vosotros en*

la cárcel, para que seáis probados, y tendréis tribulación por diez días.

Sé fiel hasta la muerte, y yo te daré la corona de la vida (Apocalipsis 2.10).

Conjuntamente con esta prueba, que no es un castigo, sino una bendición, el Señor da una promesa de trascendencia eterna:

El que venciere, no sufrirá daño de la muerte segunda (Apocalipsis 2.11).

La muerte segunda es la sentencia al lago de fuego.

Los cristianos tenemos una garantía:

Antes, en todas estas cosas somos más que vencedores por medio de aquel que nos amó (Romanos 8.37).

Mensaje a Pérgamo (Apocalipsis 2.12-17)
La contemporización con el mundo le quita a la iglesia el privilegio que tiene de ser lumbrera.

Satanás tiene un trono. Babilonia, bajo la dirección de Nimrod y su madre, llegó a ser el asiento de su reino. Mientras Babilonia fue una potencia política, allí tuvo el centro de su hechicería, fornicación y espiritismo. Cuando Babilonia decayó, Satanás mudó su sede a Pérgamo, la capital de Asia.

Cuando murió el emperador perseguidor Diocleciano, Valerio y Constantino se disputaron el trono del imperio romano.

Se dice que Constantino vio en el cielo una cruz de fuego y oyó una voz que le decía: "En este signo vencerás." Pidió explicación a los cristianos y se puso de parte de ellos. Él proclamó al cristianismo como religión del estado en 312 d. de J. C.

Para complacer al emperador, los líderes cristianos adoptaron numerosas prácticas paganas. Eso es lo que podemos llamar *"la doctrina de Balaam"* y *"la doctrina de los nicolaítas"*.

La iglesia se metió en el misticismo babilónico. La **T** de los caldeos se convirtió en el signo de la cruz.

Se introdujeron en la iglesia prácticas como el rosario pagano; el celibato de los sacerdotes y monjas, que tiene su origen en las vírgenes vestales; las diferencias entre la clerecía y el laicado (nicolaítas), las oraciones por los muertos, la adoración a los santos, a los ángeles y a la virgen María; comenzó a practicarse la misa; el latín se metió en los cultos de adoración, aún en los países donde no se entendía este idioma, y muchas otras cosas.

Como todos sabemos, estas tendencias han prevalecido en un gran sector de la llamada Cristiandad, a tal punto que de cristiano sólo tiene el nombre. Así que el Señor da un mensaje a este tipo de persona que se llama cristiana:

Arrepiéntete; pues si no, vendré a ti pronto, y pelearé contra ellos con la espada de mi boca (Apocalipsis 2.16).

Pero también hay una doble promesa para el que resulte vencedor en medio de tal tipo de iglesia:

Al que venciere, daré a comer del maná escondido, y le daré una piedrecita blanca, y en la piedrecita escrito un nombre nuevo, el cual ninguno conoce sino aquel que lo recibe (Apocalipsis 2.17).

El *"maná escondido"* es el alimento espiritual, la Palabra de Dios. En el tiempo antiguo, cuando alguien era juzgado, los miembros del jurado, en los casos en que absolvían al acusado, colocaban sobre la mesa *"una piedrecita blanca"*.

A este bello símbolo, el Señor agrega un nombre, el de Cristo, el cual es nuevo para el que sólo es cristiano de nombre. Nadie puede estar seguro de su salvación espiritual, sino la persona que la recibe personalmente.

Mensaje a Tiatira (Apocalipsis 2.18-29)
Cuando la congregación de Cristo
contemporiza con la fornicación
y la idolatría, la luz que hay en ella
se vuelve tinieblas.

Así que, si la luz que en ti hay es tinieblas, ¿cuántas no serán las mismas tinieblas? (Mateo 6.23).

En la iglesia de Tiatira se cumple la parábola profética de Jesús que hallamos en Mateo 13.33.

El reino de los cielos es semejante a la levadura que tomó una mujer, y escondió en tres medidas de harina, hasta que todo fue leudado.

La levadura es un símbolo del mal. Por otra parte se presenta simbólicamente a una mujer que comunica una enseñanza religiosa, el símbolo se refiere a una falsa religión.

En memoria de la horrible Jezabel del Antiguo Testamento, quien pervirtió a la nación con la idolatría, especialmente con el baalismo, el Señor la menciona para simbolizar lo que estaba ocurriendo en Tiatira.

El significado del nombre de la ciudad le cuadró bien a la iglesia: Tiatira: *continuo sacrificio.*

Como la iglesia comenzó a negar el valor de la obra que Cristo consumó en la cruz, entonces impulsó a la feligresía a un continuo sacrificio con los sacramentos, las buenas obras, las penitencias, la oración por los muertos y muchas otras prácticas de sacrificio.

La fornicación aquí mencionada es un símbolo de la alianza de la iglesia con el paganismo; y comer cosas sacrificadas a ídolos es un símbolo de la unión de ella con el mundo. En efecto, lo que comenzó en Pérgamo se consolidó en Tiatira.

En el período histórico en que se cumple este mensaje profético, la Edad Media, la edad de la oscuridad, se metieron en la iglesia muchísimas prácticas paganas: se estableció el papado y la costumbre de besarle los pies al papa, se instituyó la adoración a las imágenes y a las reliquias, se inventó el agua bendita, comenzó la canonización de muertos, se establecieron ayunos en la cuaresma y los viernes, comenzó el celibato de los sacerdotes, se impuso el rosario, se practicó la santa inquisición, se utilizó la venta de indulgencias, se estableció la doctrina de la transustanciación y la adoración a las huestes celestiales, se prohibió a los laicos leer la Biblia, se prohibió la copa para los feligreses en la comunión, se decretó la doctrina del purgatorio y la de los siete sacramentos fue afirmada y se introdujeron muchas otras prácticas paganas.

Los fieles de Tiatira llamaban a estas prácticas *"las profundidades de Satanás"* (Apocalipsis 2.24). Por supuesto, una rama de la iglesia ha seguido esta tendencia. Todavía se proclaman nuevos dogmas. En 1950 se aprobó la asunción de María y en 1965 se proclamó a María como madre de la iglesia.

Advertencia: Jezabel ha de enfermar, y la iglesia fornicaria será lanzada en la gran tribulación, si no se arrepiente de su conducta. Los que siguen estas prácticas serán heridos de muerte. Los eruditos en griego piensan que esta es una referencia a la muerte segunda, que consiste en ser echados en el lago de fuego.

Sin embargo, dentro de tal iglesia hay algunos fieles. El Señor les dice: *"Lo que tenéis, retenedlo hasta que yo venga."*

Aparentemente muchos de los componentes de este gran grupo sólo podrán ser salvos durante la gran tribulación, pues pasarán al milenio y tendrán autoridad sobre las naciones.

Por otra parte recibirán *"la estrella de la mañana"*. En Apocalipsis 22.16, Jesús dice que Él es *"la estrella de la mañana"*. Es decir, por fin tendrán en verdad a Jesucristo.

Profundicemos
El mensaje de Jesús a las iglesias
Apocalipsis 2 y 3
Primera parte

1. ¿En qué parte del mundo se hallaban las siete iglesias?

   _____

2. ¿Quién fundó la obra evangélica en esta zona?

   _____

3. Menciona otras dos personas que trabajaron allí.

   _____

4. Escribe los nombres de las iglesias que no aparecen en la lista:

   Éfeso, _____

   Pérgamo, _____

   Sardis, _____

   y _____

5. ¿Eran estas las únicas iglesias de la región?
   Sí ☐ *No* ☐ *Explica.*

   _____

   _____

6. ¿Las cartas eran sólo para la respectiva iglesia?
   Sí ☐ *No* ☐

¿O tenían importancia para el pueblo de Dios en todas partes y en toda época?

Sí ☐ No ☐ Explica.

_____

_____

7. ¿Han tenido cumplimiento histórico las características de estas iglesias?

Sí ☐ No ☐ Explica.

_____

_____

8. ¿Cuál fue el horrible defecto de la iglesia de Éfeso?

_____

9. ¿Cuál época de la iglesia fue similar a la iglesia de Éfeso?

_____

10. ¿Qué queja tiene Jesús contra la iglesia de Esmirna?

_____

_____

11. ¿Conviene la alianza entre la iglesia y el estado?
Sí ☐ No ☐ Explica.

_____

_____

12. ¿Cuál iglesia practica eso?

_____

_____

13. ¿La persecución es buena o mala para la iglesia? *Buena* ☐ *Mala* ☐ *Explica.*

_____

_____

14. ¿Qué privilegio pierde la iglesia que contemporiza con el mundo?

_____

_____

15. ¿Qué período de la historia eclesiástica representa la iglesia de Tiatira?

_____

_____

16. ¿Cuáles prácticas paganas se metieron en la iglesia de la Edad Media?

_____

_____

_____

_____

5

El mensaje de Jesús a las iglesias

Apocalipsis, capítulos 2 y 3

Segunda parte

En el capítulo anterior estudiamos los mensajes de Jesús a las iglesias de Éfeso, Esmirna, Pérgamo y Tiatira. Notamos que las características que distinguieron a estas iglesias también se destacaron en diversos períodos históricos del cristianismo.

Procederemos a continuación a echar una mirada general a las iglesias de Sardis, Filadelfia y Laodicea.

Antes de seguir, consideremos que estos son mensajes enviados por el Salvador para las iglesias. No se deje desanimar por las personas que dicen que el libro de Apocalipsis no es para la iglesia de Cristo, sino para el pueblo judío.

Como vamos viendo, todo el contenido que hemos estudiado hasta este capítulo es para la Iglesia. En la iglesia local debemos estar alerta con respecto a todas las cosas que les acontecieron a las siete iglesias de Asia.

Mensaje a Sardis (Apocalipsis 3.1- 6)
Por más que una iglesia sea activa y reformadora, si no es vigilante con respecto a la venida del Señor, ni guarda la Palabra de Dios, está muerta.

Lo peor que le puede ocurrir a una iglesia es llegar a la condición de estar muerta. Eso fue lo que le dijo Jesús al espíritu general de la iglesia de Sardis:

"... tienes nombre de que vives, y estás muerto."

Esto también pudiéramos expresarlo de otro modo: Tienes fama de que eres activa, pero realmente careces de vida.

Esto fue exactamente lo que ocurrió con la iglesia en la época de la Reforma. Dos grandes males hubo en Sardis y en la Reforma.

- Tanto en Sardis como en la Reforma, la iglesia tuvo gran fama. Sardis era una ciudad rica. La industria de las alfombras la distinguía de las demás ciudades comerciales.

Probablemente en la iglesia había algunos de los grandes potentados de esta industria y del comercio. Por tanto, su actividad era febril y buscaba acomodarse a la gente más distinguida. En consecuencia es probable que haya disfrutado de cierto favor de las autoridades. Los cambios no fueron totales.

En la Reforma ocurrió lo mismo. Las iglesias en verdad no cambiaron muchas costumbres y enseñanzas de las Iglesia Católica Romana. Se continuó el bautismo de los niños, aunque no hay base bíblica para ello; siguieron practicándose ritualismos y sacramentos de Roma; la formalidad característica de la liturgia pagana pasó a la Reforma.

La Biblia dice que a Dios hay que adorarlo *"en espíritu y en verdad"* (Juan 4.24). Los ritos paganos no pueden satisfacer al Espíritu Santo.

- Por otra parte, el mismo Lutero buscó la aprobación de los líderes políticos. Con el tiempo, la Iglesia Luterana se convirtió en la religión del estado en Alemania. Así sucedió en otros países de Europa.

De este modo, la iglesia incluye a toda la población, con lo que se elimina la necesidad de aceptar a Jesucristo como único y suficiente Salvador personal y el hincapié en la relación personal con Dios.

Cinco cosas le aconseja el Señor a la iglesia de Sardis:

1) *Sé vigilante.*

En otras partes del Nuevo Testamento, cuando el Señor habla acerca de *velar,* se refiere a su segunda venida.

La más grave deficiencia de las enseñanzas de la Reforma consistía en que no incluían la profecía bíblica, ni la doctrina de la separación. Los cristianos que estudian las profecías bíblicas están mejor preparados para una vida de separación y consagración al Señor.

Y todo aquel que tiene esta esperanza en él, se purifica a sí mismo, así como él es puro (1ª de Juan 3.3).

2) ... afirma las cosas que están para morir.

La Nueva Versión Internacional tiene una mejor traducción: *"Fortalece lo que queda y está a punto de morir"*.

Evidentemente estas palabras se refieren a las buenas doctrinas que se destacaron en los primeros días de la Reforma: la salvación por la fe en Cristo, la total depravación del hombre y la autoridad de la Palabra de Dios. A medida que avanzó la Reforma, estas doctrinas fueron palideciendo.

3) Acuérdate, pues, de lo que has recibido y oído.

Sardis tenía que volver a escudriñar las Escrituras y depender de Dios, y no de las amistades de los ricos.

La iglesia de la Reforma tenía que volver a las Escrituras, y depender de Dios, y no de los ritos ni del estado.

4) ... guárdalo ...

No basta acordarse uno de la Palabra que ha oído y recibido. Es necesario ponerla en práctica.

La religión pura y sin mácula delante de Dios es esta: Visitar a los huérfanos y a las viudas en sus tribulaciones, y guardarse sin mancha del mundo (Santiago 1.27).

5) ... arrepiéntete ...

Esta palabra significa dar media vuelta y seguir marchando, con lo cual la persona sigue la marcha en sentido contrario. La iglesia tenía que volverse a Cristo y someterse a Él.

En la Reforma se metieron muchas ideas preconcebidas y la iglesia no estuvo dispuesta a arrepentirse de ellas. Si se hubiera arrepentido, el Espíritu Santo la hubiera guiado a *"toda la verdad"*.

Es de notar que tanto en Sardis como en la iglesia reformada hubo excepciones:

Pero tienes unas pocas personas en Sardis que no han manchado sus vestiduras; y andarán conmigo en vestiduras blancas, porque son dignas (Apocalipsis 3.4).

Sólo el que vence en medio de esta iglesia tiene la promesa de que será vestido con vestiduras blancas, es decir, con la justicia de Cristo, y de que su nombre no será borrado del libro de la vida del Cordero.

Claro, los que vencen son los salvos por la gracia de Dios. Y los salvos son los que están escritos en ese libro. No hay peligro de que su nombre sea borrado.

Mensaje a Filadelfia (Apocalipsis 3.7-13)
La verdadera consagración de la iglesia a Dios produce el trabajo misionero.

La palabra Filadelfia significa *amor fraternal*. Este tipo de amor no se refiere sólo al hecho de haber nacido de una misma madre, sino la manifestación de aprecio hacia todos nuestros congéneres.

Tal cordialidad, unida al amor de Dios *(ágape)*, que es el que Él quiere que practiquemos, tiene que hacer que los cristianos verdaderos veamos *"una puerta abierta, la cual nadie puede cerrar":* la puerta de la preocupación por todos nuestros semejantes, por cuanto consideramos que están perdidos.

Y esto no se puede quedar en palabras. Hay que acudir a la acción. Esto fue lo que hizo que la iglesia de Filadelfia fuera una iglesia misionera.

Misionero es aquel individuo que marcha a tierras en las cuales no se ha predicado el mensaje del Evangelio, con el fin de identificarse con esas culturas y servir a los hombres de una manera integral. Así sirvió Cristo cuando vino como Misionero de Dios a este mundo.

Esto se hace con el único propósito de que el ejemplo del Señor, manifestado a través de la vida del misionero, atraiga a los perdidos al conocimiento de la verdad del Evangelio, que es el mismo Cristo.

El Señor Jesús le dice a la iglesia de Filadelfia que esa puerta que ve abierta, Él la ha puesto delante de ella. Esto nos indica que la obra misionera es la empresa de Dios. Jesús dio a sus discípulos una comisión única:

Toda potestad me ha sido dada en el cielo y sobre la tierra.

Id, pues, discipulad a todas las gentes, bautizándolos en el nombre del padre, y del hijo, y del

Espíritu Santo; enseñándoles a guardar todas las cosas que os mandé; y he aquí Yo estoy con vosotros todos los días, hasta el fin de los siglos (Mateo 28.18-20; Biblia Textual).

Filadelfia representa a un tipo de iglesia que se ha ido desarrollando desde el siglo 18, y seguirá hasta cuando el Señor venga a trasladar a su pueblo para que esté siempre con Él.

Es la iglesia misionera. Se ha ido esparciendo por todo el mundo. En el día de hoy, las iglesias del Tercer Mundo están tomando esta visión. Cada día aumenta el número de misioneros que salen de estos países hacia otras culturas o hacia otras partes del mundo.

En lo que respecta a la América Latina, se dice que ya no es un campo misionero, sino una fuerza misionera. ¡El Señor quiera que así sea, para su gloria!

Contra la iglesia de Filadelfia no hay ninguna queja de parte del Señor, pero sí hay reconocimiento y alabanza.

Aprendamos en este capítulo lo que Cristo dice de una iglesia que le es fiel.

1) *Yo conozco tus obras.*

Notemos que estas palabras se las dijo Jesús a todas las siete iglesias.

En algunos casos, ya esto era una reprensión, como en los casos de Pérgamo, Tiatira y Sardis. Pero en los casos de Esmirna, la iglesia perseguida, y de Filadelfia, la iglesia misionera, tal declaración significaba una felicitación.

Muchas veces trabajamos en la obra del Señor y no se reconoce la labor esforzada que realizamos; pero recordemos lo que nos dice el Señor: *"Yo conozco tus obras"*. Ese reconocimiento es suficiente.

2) ... he aquí, he puesto delante de ti una puerta abierta, la cual nadie puede cerrar.

En el Nuevo Testamento, una puerta abierta significa una oportunidad para predicar el Evangelio (ver 1ª a los Corintios 16.9). La oportunidad la había dado el Señor.

Así a la iglesia misionera de nuestros días, el Señor le ha abierto una puerta para la obra misionera. Debe reconocer que fue el Señor quien abrió esa puerta y la invita a realizar el trabajo.

3) ... tienes poca fuerza.

Es decir, eres pequeña en número, eres un grupo minoritario.

Así es hoy. Si comparamos los grupos de cristianos que llamamos iglesias locales con la creciente población del mundo y el número cada vez mayor de problemas para poder evangelizarla, tendremos que reconocer que tenemos poca fuerza.

El apóstol Pablo comprendió que *"cuando doy débil, entonces soy fuerte"* (2ª a los Corintios 12.10). Así lo debemos reconocer nosotros.

La iglesia primitiva en general tuvo poca fuerza, pero evangelizó al mundo de su tiempo. Nosotros estamos fallando.

4) ... has guardado mi palabra.

La iglesia de Filadelfia no sólo creía en la Palabra de Dios, sino que la obedecía.

Toda iglesia que determina consagrarse totalmente a Cristo y a su obra, como consecuencia emprende la obra misionera.

Hermano, si tu iglesia no hace obra misionera de ninguna naturaleza, no puede jactarse de que guarda la Palabra de Dios.

5) ... no has negado mi nombre.

Satanás siempre trata de contraatacar cuando la iglesia emprende la obra de evangelización del mundo. Pero hay una promesa: *"... las puertas del Hades no prevalecerán contra ella"* (Mateo 16.18).

La obra misionera de nuestro día se enfrenta con las mismas huestes de Satanás en muchas partes del mundo. Sin embargo, el Señor pudiera decirle a la iglesia misionera de hoy: *"No has negado mi nombre."*

A la iglesia de Filadelfia, que es la iglesia fiel, el Señor le hace una excelente promesa:

Por cuanto has guardado la palabra de mi paciencia, yo también te guardaré de la hora de la prueba que ha de venir sobre el mundo entero, para probar a los que moran sobre la tierra (Apocalipsis 3.10).

Sabemos que *"la hora de la prueba que ha de venir"* es la gran tribulación. Esta es una clara indicación de que, aunque *"es necesario que a través de muchas tribulaciones entremos en el reino de Dios"* (Hechos 14.22).

Sin embargo, la iglesia fiel no pasará por la gran tribulación.

Para que una iglesia permanezca fiel como la de Filadelfia, necesita hacer hincapié por lo menos en tres cosas: la evangelización (proclamación del Evangelio en pueblos que ya lo han oído de algún modo), la obra misionera (evangelización de culturas que nunca han oído el Evangelio) y la enseñanza bíblica.

Estas tres actividades fundamentales de la iglesia fiel deben atender al hombre como un ser integral: en lo espiritual, lo moral, lo físico, lo psicológico y lo material.

Las promesas especiales para la iglesia misionera se hallan en el versículo 12:

Al que venciere, yo le haré columna en el templo de mi Dios, y nunca más saldrá de allí; y escribiré sobre él el nombre de mi Dios, y el nombre de la ciudad de mi Dios, la nueva Jerusalén, la cual desciende del cielo, de mi Dios, y mi nombre nuevo.

Se refieren a la estabilidad en la comunión con Cristo, al pasaporte para entrar en la ciudad celestial y a la garantía de entrar allí como siervos de Cristo (Apocalipsis 22.3, 4).

Mensaje a Laodicea (Apocalipsis 3.14-22).
La tibieza en una iglesia, que se llame cristiana pudiera indicar que es una iglesia apóstata.

Eso fue la iglesia de Laodicea: rica, culta, no tenía necesidad de nada. Pero tampoco cumplía ningún ministerio.

Podemos imaginarnos que los creyentes asistían los domingos a los cultos y allí eran religiosos. Luego regresaban a sus hogares y a sus trabajos, y allí parecían personas no renacidas que participaban con el mundo en todas sus cosas. La iglesia era más bien un club. No se preocupaba por la pureza de doctrina ni vibraba en ella el amor de Dios.

Nos gustaría comparar la iglesia cristiana de hoy con las iglesias de Esmirna y Filadelfia, pero ni siquiera la podemos comparar con la de Éfeso.

Y en muchas iglesias de hoy no queda ni siquiera algo de lo que todavía había en las pésimas iglesias de Pérgamo, Tiatira y Sardis.

Cuando se dijo: Salgan la frivolidad, la componenda, la tibieza, la apatía, la infidelidad, la incredulidad, la mundanalidad, la indiferencia, la negación de la Palabra de Dios y todo género de maldad dentro de la iglesia, salió la iglesia de Laodicea.

Y llegado el cumplimiento del tiempo, en nuestros días, cuando se dio la misma orden, salió un gran conglomerado de iglesias, y muchas personas dentro de otras iglesias, que participan en esta contaminación.

Es digno de notar que en el día de hoy hay por lo menos tres conglomerados dentro de las iglesias que se llaman cristianas:

- Un conglomerado representado por la iglesia de Sardis, que está apoyado en el mundo, que contemporiza con él y practica la vida cristiana sólo como si fuera un asunto social.

- Otro conglomerado está representado por la iglesia de Filadelfia, la iglesia misionera, el cual en verdad se esfuerza por llevar adelante el reino de Dios en este mundo hasta el día de su traslado a la mansión celestial.

- Y un sector, tal vez el mayoritario, que se identifica plenamente con Laodicea.

  No hay nada recomendable ni digno de alabar en la iglesia de Laodicea.

  En cambio sí hay dos denuncias terribles.

- El Señor Jesús usó una forma gráfica y práctica para describir a la iglesia apóstata:

  Yo conozco tus obras, que ni eres frío ni caliente. ¡Ojalá fueses frío o caliente! Pero por cuanto eres tibio, y no frío ni caliente, te vomitaré de mi boca (Apocalipsis 3.15, 16).

- Por otra parte, esta iglesia se engañaba a sí misma.

Porque tú dices: Yo soy rico, y me he enriquecido y de ninguna cosa tengo necesidad; y no sabes que tú eres un desventurado, miserable, pobre, ciego y desnudo (Apocalipsis 3.17).

Aquí encontramos una descripción cuádruple del espíritu general de esta iglesia:

- **Desventurado**

Cuando Jesús dice: *"Bienaventurados los de limpio corazón, porque ellos verán a Dios"* (Mateo 5.8), quiere decir que son inmensamente felices. Cuando se dice que alguien es *"desventurado"*, quiere decir que es *inmensamente desgraciado.*

- **Miserable**

Este adjetivo tiene algunos sinónimos: *desdichado, despreciable, mendigo.* A pesar de que la iglesia pensaba que era rica, su condición era exactamente la contraria. Y pensar que eso le pasa a la iglesia de hoy.

- **Pobre**

Tenía riquezas materiales pero era pobre en el conocimiento de Cristo. Porque, *"¿qué aprovechará a un hombre ganar todo el mundo, y perder su alma?"* (Marcos 8.36; Biblia Textual).

- **Desnudo**

Eso lo podemos decir de un gran sector de la iglesia en nuestro tiempo. Esta vestida con el manto de la religión, enciende sus velas, canta, reza y lee sus credos.

Pero el Señor ve que ella está desnuda, por cuanto no está vestida con la fe ni con el manto de la justicia de Cristo.

El Señor le aconseja a esta iglesia *"que de mí compres oro afinado en fuego... y vestiduras blancas, ... y unge tus ojos con colirio para que veas"* (Apocalipsis 3.18).

La fe es *"mucho más preciosa que el oro"* (1ª de Pedro 1.7). ¿Cómo puede decírsele a una iglesia calificada de "pobre" que compre oro? Dios dice: *"Venid, comprad sin dinero y sin precio"* (Isaías 55.1).

La justicia de Cristo es la vestidura blanca que tiene que comprar para cubrir su desnudez. La unción con colirio se refiere a la necesidad de iluminación espiritual para poder comprender nuestra condición espiritual.

No obstante, al que venza dentro de este tipo de iglesia, que está destinada a entrar en la gran tribulación, el Señor dice:

... yo le daré que se siente conmigo en mi trono, así como yo he vencido, y me he sentado con mi Padre en su trono (Apocalipsis 3.21).

Terminemos este par de capítulos con una advertencia para individuos de la iglesia:

El que tiene oído, oiga lo que el Espíritu dice a las iglesias (Apocalipsis 3.22).

Profundicemos
El mensaje de Jesús a las iglesias
Apocalipsis 2, 3
Segunda parte

1. El mensaje de Apocalipsis es para
   - ☐ *a. el mundo.*
   - ☐ *b. la iglesia.*
   - ☐ *c. el pueblo judío.*

2. A la iglesia de Sardis se le dice que está
   - ☐ *a. viva.*
   - ☐ *b. enferma.*
   - ☐ *c. muerta.*

3. Lo de Sardis también le ocurrió a la iglesia en
   - ☐ *a. la Edad Media.*
   - ☐ *b. el tiempo de Nerón.*
   - ☐ *c. en el tiempo de la Reforma.*

4. Estar muerta una iglesia significa
   - ☐ *a. que todos sus miembros están enterrados.*
   - ☐ *b. que asisten pocos al culto de oración.*
   - ☐ *c. que es insensible a la Palabra de Dios.*

5. ¿Es bueno que la iglesia sea la religión del estado?
   - ☐ *a. Sí.*
   - ☐ *b. No.*
   - ☐ *c. A veces sí y a veces no.*

6. Una iglesia es vigilante
   - ☐ a. cuando alguien cuida sus edificios.
   - ☐ b. cuando hay programas especiales.
   - ☐ c. cuando espera con ardor la venida de Cristo.

7. La visión misionera es el resultado
   - ☐ a. de una campaña.
   - ☐ b. de un sueño extraordinario.
   - ☐ c. de la consagración de la iglesia a Cristo.

8. Se le abrió una puerta a la iglesia de
   - ☐ a. Sardis.
   - ☐ b. Filadelfia.
   - ☐ c. Laodicea.

9. El propulsor de la empresa misionera es
   - ☐ a. Dios.
   - ☐ b. el que da mucho dinero.
   - ☐ c. el que envía misioneros.

10. Hoy hay más ánimo para la obra misionera
    - ☐ a. en Inglaterra.
    - ☐ b. en Alemania.
    - ☐ c. en el Tercer Mundo.

11. Si el Señor abre la puerta, ¿quién la puede cerrar?
    - ☐ a. Satanás.
    - ☐ b. La iglesia.
    - ☐ c. Nadie.

12. Por lo que Jesús dijo a Filadelfia, la Iglesia de Cristo será arrebatada
    ☐ a. antes de la gran tribulación.
    ☐ b. en la mitad de la gran tribulación.
    ☐ c. al finalizar la gran tribulación.

13. La iglesia está en mejores condiciones
    ☐ a. cuando está fría.
    ☐ b. cuando está caliente.
    ☐ c. cuando está tibia.

14. A la iglesia tibia, el Señor
    ☐ a. la tolera.
    ☐ b. la felicita.
    ☐ c. la vomita.

15. La iglesia de hoy en general se parece más
    ☐ a. a la de Sardis.
    ☐ b. a la de Filadelfia.
    ☐ c. a la de Laodicea.

16. Una iglesia que tiene magníficos edificios, piano de cola, órgano eléctrico, campanario y otras cosas, pero no cree que la Biblia en su totalidad es la Palabra de Dios,
    ☐ a. es rica.
    ☐ b. es más o menos rica.
    ☐ c. es pobre.

6

El traslado de los redimidos

Apocalipsis 4.1

Aunque no hay un acuerdo absoluto entre los diversos enfoques del Apocalipsis, sin embargo, se puede decir que son muy pequeñas las diferencias que se destacan hasta el final del capítulo tres.

De allí en adelante, el asunto cambia por completo, especialmente por el hecho de que hay algunos cristianos que piensan que el traslado de la Iglesia de Cristo a la mansión celestial ocurrirá antes de comenzar la gran tribulación.

Otros creen que sucederá en la mitad de ella, y otros, que se producirá al final.

Naturalmente, hay que asumir alguna de las tres posiciones. Sostendremos que el traslado se producirá antes de comenzar la gran tribulación.

Después de la visión gloriosa del Señor Jesucristo (Apocalipsis 1), y de recibir la carta para cada una de las siete iglesias (Apocalipsis 2 y 3) que, como hemos visto, se describen como símbolos proféticos de la iglesia en sus diversos períodos hasta el fin de la historia, Juan, quien fue uno de los primeros miembros de la iglesia cristiana evangélica, entra de nuevo en un maravilloso trance provocado por el Espíritu Santo.

Lo primero que vio fue *"una puerta abierta en el cielo"* (Apocalipsis 4.1), la voz que era como de trompeta, que había oído al comienzo de la visión (1.10), le dijo: *"Sube acá"*.

En la misma forma como el mensaje profético enviado a las iglesias ha tenido su cumplimiento en la historia, el hecho de que el visionario fuera trasladado a la mansión celestial, para que desde allí observara el desarrollo de los acontecimientos durante la gran tribulación, se nos presenta como si fuera un símbolo profético del traslado de la Iglesia de Cristo a la presencia del Señor.

1. El traslado de la iglesia antes de la gran tribulación

Para cada punto de vista con respecto al tiempo de traslado hay una buena argumentación.

No obstante, el peso abrumador de la prueba indica que se producirá antes de la gran tribulación.

En esta breve capítulo no nos dedicaremos a estudiar todos los argumentos, que son numerosos. Nos bastará citar algunos:

- La gran tribulación es la septuagésima semana de Daniel 9.24-27. La iglesia era un misterio

(Efesios 3.1-6). Por tanto no figura en las profecías del Antiguo Testamento. Así que no entra en la gran tribulación.

- El propósito de la gran tribulación es *"probar a los que moran sobre la tierra"*. Sería muy raro que el único Novio perfecto de que tengamos noticia le diera una paliza a su prometida (Efesios 5.25-27) con el fin de prepararla para *"las bodas del Cordero"* (Apocalipsis 19.6-8).

  Por el contrario, Él le da una promesa a la iglesia fiel, Filadelfia:

  Por cuanto has guardado la palabra de mi paciencia, yo también te guardaré de la hora de la prueba que ha de venir sobre el mundo entero, para probar a los que moran sobre la tierra (Apocalipsis 3.10).

- La colocación de la visión que aparece en el capítulo 4 de Apocalipsis cuadra precisamente con este punto de vista.

  En los capítulos 2 y 3 se presentan mensajes a las iglesias que simbolizan los siete períodos sucesivos de la historia de la iglesia.

  Al comenzar el capítulo 4 se nos ofrece el traslado. En el resto del capítulo 4 y en el 5 tenemos una visión en el cielo, y en el capítulo 6 comienza la descripción de la gran tribulación en la tierra.

  En los capítulos 4 al 18 de Apocalipsis, que se refieren a la gran tribulación, aparecen profusamente el lenguaje y los símbolos del

Antiguo Testamento, indicación de que se refiere a Israel. En estos capítulos no se menciona ni una vez a la iglesia. Esto contrasta con los tres primeros capítulos, que mencionan a la iglesia dieciséis veces.

- La Iglesia es un cuerpo del cual Cristo es la Cabeza (Efesios 1.22; Colosenses 1.18). Es la esposa de Él (Efesios 5.25-27). Está constituida por las ramas de las cuales Cristo es el Tronco (Juan 15.5).

La unión de ella con Él es de tal naturaleza que, si la Iglesia tuviera que estar sometida al anticristo, Él también estaría sometido (1ª de Juan 4.17; Apocalipsis 13.7).

- Los "santos" de la gran tribulación, que serán los que se conviertan a Cristo en ese tiempo, serán vencidos por el anticristo. De hecho, como no permitirán que el anticristo les imponga el número 666, no podrán comprar ni vender y, por tanto, tendrán que morir por inanición o por decreto del hijo de perdición.

En cambio, a los que pertenecemos a la iglesia de Cristo se nos dice que *"Somos más que vencedores por medio de aquel que nos amó"* (Romanos 8.37). Esto se debe a que el Espíritu Santo viene a morar en el creyente del tiempo de la gracia.

En la tribulación, el Espíritu Santo obrará para salvación, pero no vendrá a hacer morada permanente.

- El Espíritu Santo y la Iglesia de Cristo son los que *"al presente"* detienen la manifestación del anticristo.

Cuando el Espíritu Santo sea quitado del medio, *"entonces se manifestará aquel inicuo"* (2ª a los Tesalonicenses 2.7, 8).

Si el Espíritu Santo tiene que ser quitado de en medio a fin de que se manifieste el anticristo, ¿por qué es necesario que vuelva a someterse a él a través de la Iglesia de Cristo durante la gran tribulación?

2. El programa especial de Dios para el traslado

Nuestro Dios es amigo de los programas especiales realmente extraordinarios.

Cuando nació el niño Jesús puso en escena un programa de ángeles. Cuando Cristo resucitó hubo un programa de apariciones y manifestaciones del otro mundo.

Cuando Cristo descienda hasta el aire para levantar a su pueblo, habrá un programa especial, que se nos presenta en 1ª a los Tesalonicenses 4.16, 17:

Porque el Señor mismo con voz de mando, con voz de arcángel, y con trompeta de Dios, descenderá del cielo; y los muertos en Cristo resucitarán primero.

Luego nosotros los que vivimos, los que hayamos quedado, seremos arrebatados juntamente con ellos en las nubes para recibir al Señor en el aire, y así estaremos siempre con el Señor.

1) Primer número del programa

El Señor mismo descenderá del cielo. El apóstol explica la manera: *"... con voz de mando"*, como un general victorioso. Miguel, quien conduce las batallas del Señor, dará la voz (Apocalipsis 12.7).

El sonido de trompeta era típico en la adoración del pueblo de Dios. Es bueno notar que el Señor viene *"del cielo"*. Así se cumple la palabra angelical dada el día de la ascensión del Cristo resucitado:

Este mismo Jesús, que ha sido tomado de vosotros al cielo, así vendrá como le habéis visto ir al cielo (Hechos 1.11).

2) El segundo número es extraordinario.

"...los muertos en Cristo resucitarán primero" (I ª a los Tesalonicenses 4.16). Como un poderoso imán, el Señor atraerá a los que murieron en la fe de Él. Los demás muertos no se levantarán hasta el día cuando tengan que presentarse para el juicio ante el gran trono blanco (Apocalipsis 20.11-15).

Aunque el féretro de uno que ha sido hijo de Dios por la fe de Cristo y el de una persona que nunca recibió la salvación parecen iguales, hay una gran diferencia entre los dos:

El creyente se levantará de la tumba el día cuando el Señor descienda hasta el aire a llevar a su pueblo; su vida *"está escondida con Cristo en Dios"* (Colosenses 3.3).

El otro se quedará en el cementerio hasta que le llegue el día de presentarse a juicio ante el gran trono blanco (Apocalipsis 20.11-15).

3) Tercer número

Luego nosotros los que vivimos, los que hayamos quedado, seremos arrebatados juntamente con ellos en las nubes para recibir al Señor en el aire (1ª a los Tesalonicenses 4.17).

No sólo seremos arrebatados, sino también *"seremos transformados"* (1ª a los Corintios 15.52). Esto se debe a que:

La carne y la sangre no pueden heredar el reino de Dios, ni la corrupción hereda la incorrupción (1ª a los Corintios 15.50).

Se nos da una razón para esta transformación:

Porque es necesario que esto corruptible se vista de incorrupción, y esto mortal se vista de inmortalidad (1ª a los Corintios 15.53).

También se nos dice cuánto tiempo se necesitará para este número:

... En un momento, en un abrir y cerrar de ojos, a la final trompeta; porque se tocará la trompeta, y los muertos serán resucitados incorruptibles, y nosotros seremos transformados (1ª a los Corintios 15.52).

4) El último número del programa es de duración eterna.

... así estaremos siempre con el Señor.

Este es un cumplimiento de la promesa que el mismo Cristo hizo antes de su muerte:

En la casa de mi Padre muchas moradas hay; si no, os lo hubiera dicho; voy, pues, a preparar lugar para vosotros.

Y cuando me vaya, y os prepare lugar, vengo otra vez, y os tomaré a mí mismo, para que donde Yo estoy, vosotros también estéis (Juan 14.2, 3; Biblia Textual).

3. La bifurcación del programa de Apocalipsis

A partir del capítulo 4, hasta el 11, Juan ve el desenvolvimiento de la gran tribulación desde el cielo. Desde el capítulo 12 hasta el 18 lo vuelve a observar desde la tierra.

¿Qué ocurrirá a la iglesia de Cristo mientras esté espectadora en el cielo?

- Nos presentaremos ante el tribunal de premiación de nuestro Señor Jesucristo (2ª a los Corintios 5.10; 1ª a los Corintios 3.11-15).

    No será un tribunal de juicio, pues no hay condenación para los que están en Cristo (Romanos 8.1).

No recibiremos premio por las obras de muerte que hicimos antes de recibir la salvación, sino por las obras que realizamos como resultado de haber recibido a Cristo como Salvador personal.

Esos premios serán coronas del tipo diadema, es decir, cintas que ceñirán la cabeza. Las necesitaremos para colocarlas a los pies de nuestro Salvador en señal de adoración.

- Más tarde, ya hacia el final de la gran tribulación en la tierra, se realizará en el cielo una ceremonia que se llama *"las bodas del Cordero"* (Apocalipsis 19.6-8).

El visionario dice: *"Bienaventurados los que son llamados a la cena de las bodas del Cordero"* (Apocalipsis 19.9).

Esto acontecerá precisamente antes del evento más estupendo que jamás haya experimentado este mundo de miseria y de dolor: la segunda venida de Cristo a esta tierra.

Acompañaremos al Señor Jesucristo en su segunda venida a la tierra (Apocalipsis 19.14). Le haremos nube *"en el aire"*.

Algunos piensan que descenderemos con Él hasta la tierra para reinar sobre este mundo. Pero Zacarías (14.4) dice que Él sólo afirmará sus pies sobre el monte de los Olivos.

Nosotros tendremos cuerpos espirituales como el que tuvo Cristo cuando resucitó (1ª a los Corintios 15.44). Sería raro que los que tengamos cuerpos espirituales vengamos a reinar donde estén los que tengan verdaderos cuerpos de carne y hueso.

Pero la Biblia ciertamente dice que reinaremos con Él (2ª a Timoteo 2.12). También dice:

Al que venciere, le daré que se siente conmigo en mi trono (Apocalipsis 3.21).

Sí es verdad que también dice:

Al que venciere y guardare mis obras hasta el fin, yo le daré autoridad sobre las naciones, y las regirá con vara de hierro (Apocalipsis 2.26, 27).

Pero esto lo podrán hacer los ministros desde la ciudad real, la Nueva Jerusalén, que es la ciudad celestial (Apocalipsis 21.24-27). La reina estará en el palacio del Rey. En esta tierra, Jesús dejará un regente o príncipe que se llamará David (Ezequiel 34.24; 37.24).

Antes de terminar este capítulo, debemos volver a poner nuestros pies sobre la tierra. Jesús dijo:

... el que no naciere de nuevo, no puede ver el reino de Dios (Juan 3.3).

Es necesario que todos estemos seguros de que somos nuevas criaturas, y de que estamos esperando la venida de Cristo hasta el aire a llevar a su pueblo.

Profundicemos
El traslado de los redimidos

Escribe un X en el cuadro que corresponda a la respuesta correcta.
Cierto ☒ *Falso* ☐

Ejemplo: En Apocalipsis 4, Juan es trasladado al cielo.
Cierto ☒ *Falso* ☐

1. El traslado de Juan simboliza el de la Iglesia.
   Cierto ☐ *Falso* ☐

2. La voz *"como de trompeta"* es la de Jesús.
   Cierto ☐ *Falso* ☐

3. El traslado de Juan no es simbólico.
   Cierto ☐ *Falso* ☐

4. El traslado será antes de la gran tribulación.
   Cierto ☐ *Falso* ☐

5. En el Antiguo Testamento hay muchas profecías sobre la Iglesia.
   Cierto ☐ *Falso* ☐

6. Jesús le dará una paliza a su prometida antes de las bodas del Cordero.
   Cierto ☐ *Falso* ☐

7. En Apocalipsis 4 se nos presenta la adoración en un templo terrenal.
   Cierto ☐ *Falso* ☐

8. La Iglesia se menciona mucho en los capítulos 4-18 de Apocalipsis.
   Cierto ☐   Falso ☐

9. Cristo se puede someter al anticristo a través de la Iglesia.
   Cierto ☐   Falso ☐

10. Los de la Iglesia de Cristo somos más que vencedores.
    Cierto ☐   Falso ☐

11. En el traslado, primero seremos transformados los vivos.
    Cierto ☐   Falso ☐

12. Para el traslado, *"el Señor mismo descenderá del cielo"* hasta el aire.
    Cierto ☐   Falso ☐

13. Vivos y muertos seremos arrebatados juntamente.
    Cierto ☐   Falso ☐

14. El Señor también atraerá a los que no creyeron.
    Cierto ☐   Falso ☐

15. La carne y la sangre pueden ir al cielo.
    Cierto ☐   Falso ☐

16. El traslado sucederá rápidamente como *"en un abrir y cerrar de ojos"*.
    Cierto ☐   Falso ☐

17. Seremos juzgados en el tribunal de Cristo por nuestros pecados.
    Cierto ☐   Falso ☐

18. Después del traslado estaremos siempre con el Señor.
    Cierto ☐ *Falso* ☐

19. En su segunda venida, Cristo solo pisará el monte de los Olivos:
    Cierto ☐ *Falso* ☐

20. Cualquiera que se llame "cristiano" será arrebatado con la Iglesia.
    Cierto ☐ *Falso* ☐

7

Los veinticuatro ancianos y la adoración celestial

Apocalipsis capítulos 4 y 5

Tenemos que recordar, al comenzar este capítulo, que Apocalipsis, por orden del mismo Jesús (1.19), debía tener tres partes:

- **Lo pasado** (*"las cosas que has visto"*).

  La visión que Juan tuvo de Cristo (Apocalipsis 1.9-20).

- **Lo presente** (*"las que son"*).

  Los mensajes de Cristo a las siete iglesias de Asia Menor (Apocalipsis, capítulos 2 y 3).

- **Lo futuro** (*"las que han de ser después de estas"*).

  El traslado de la Iglesia, la gran celebración celestial, la gran tribulación terrenal, la segunda venida de Cristo, el milenio y el estado eterno (Apocalipsis 4.1-22.5). Lo demás se considera conclusión.

Estudiamos la visión de Cristo en el capítulo 3 de este libro. Ya nos detuvimos en los mensajes a las siete iglesias en los capítulos 4 y 5. En el capítulo 6 vimos un símbolo del traslado de la Iglesia de Cristo en el traslado de Juan a la mansión celestial.

Este es el momento cuando comienzan *"las cosas que han de ser después de estas"*. A partir de este momento, hay cosas que ocurren en el cielo y hechos que se producen en la tierra.

Recordemos que, para el punto de vista de nuestro estudio, la Iglesia de Cristo habrá sido trasladada antes del inicio de la gran tribulación en este mundo.

En los capítulos 4 y 5 de Apocalipsis, encontramos una especie de ceremonia celestial, un prólogo de la acción que comienza en el capítulo 6, para que Juan entienda:

- Cuál es la posición que ocupará la Iglesia de Cristo tan pronto como sea arrebatada a la presencia de su Señor;
- Cómo participará ella en la adoración que el universo entero rinde a Dios;
- Y quién tiene la autoridad para desatar los juicios que vendrán sobre la tierra durante la gran tribulación.

1. Los siete elementos que el visionario observa en la adoración celestial que sirve como introducción a la gran tribulación

En la primera adoración celestial de la cual participaremos los redimidos por la sangre de Cristo, tendremos el increíble privilegio de comprobar realidades que muchas veces hemos estudiado en la Biblia.

1) La presencia de la santísima Trinidad en el hogar de los redimidos

Juan estaba *"en el espíritu"*, es decir estaba poseído por el Espíritu Santo (Apocalipsis 4.2).

El Padre es el que está sentado en el trono, por supuesto (4.2, 3). No se lo describe con las características de un hombre. Ni siquiera se nombra. Tal era la reverencia de los judíos hacía la presencia y el nombre de Dios.

"A Dios nadie lo vio jamás" (Juan 1.18). Sólo se dice que *"su aspecto era semejante a piedra de jaspe y de cornalina"* (4.3).

Está, además, *"un Cordero como inmolado"*, llamado también *"el León de la tribu de Judá"* (5.5, 6), es decir, nuestro bendito Señor Jesucristo.

Contra sabelianos, arrianos y otros herejes, la Iglesia de Cristo ha sostenido que la Deidad se nos presenta en las Escrituras bíblicas como tres Personas que se distinguen en sus funciones, pero que son un Dios único.

Sin embargo, esta enseñanza es un misterio. En nuestro primer acto de adoración celestial quedará plenamente comprobada esta verdad.

2) Veinticuatro ancianos entronizados (Apocalipsis 4.4)

El nombre que se les da: *"ancianos";* el número: *"veinticuatro";* su vestidura: *"ropas blancas... coronas de oro";* y su función y adoración nos intrigan. Dedicaremos la segunda parte del capítulo al estudio de estos señores.

3) *Cuatro seres vivientes* (Apocalipsis 4.6-8)

Sus respectivas semejanzas son: de león, de becerro, de hombre y de águila en vuelo. Representan todas las formas primarias de vida.

Si comparamos estos seres con los que vio Isaías (Isaías 6.1-3), que tenían cada uno seis alas y una alabanza semejante, pudiéramos pensar que son los mismos serafines.

Sólo que en Apocalipsis se nota que el que tiene semejanza de león está en representación de los animales salvajes. El que tiene forma de becerro representa los animales domésticos. El que se asemeja a un hombre es el que representa a las huestes angelicales que sirven a la raza humana. El que parece un águila en vuelo es el representante de las aves.

Estos seres vivientes nos indican el triunfo del plan de Dios para la salvación. Tal plan incluyó también la creación.

... porque también la creación misma será libertada de la esclavitud de corrupción, a la libertad gloriosa de los hijos de Dios.

Porque sabemos que toda la creación gime a una, y a una está con dolores de parto hasta ahora; y no sólo ella, sino que también nosotros mismos, que tenemos las primicias del Espíritu, nosotros también gemimos dentro de nosotros mismos, esperando la adopción, la redención de nuestro cuerpo (Romanos 8.21-23).

Ahora la creación total le rinde tributo a Dios (Apocalipsis 5.13, 14).

4) *Los ángeles* (Apocalipsis 5.11, 12)

Ya estudiamos que Apocalipsis es un libro de ángeles. Juan sólo había visto un ángel en la visión del capítulo 1, y otro que preguntó con respecto al rollo en el cual estaba el programa de la gran tribulación: *"¿Quién es digno de abrir el libro y desatar sus sellos?"* (5.2).

Ahora ve "millones de millones". Está en la residencia de ellos. Allí estará la Iglesia de Cristo. Veremos a los ángeles como nubes.

Notemos, de paso, que los ángeles no están vestidos de blanco, ni tienen coronas, ni están sentados sobre tronos.

5) *Veinticinco tronos* (Apocalipsis 4.2, 4)

Había *"un trono establecido en el cielo ... y alrededor del trono había veinticuatro tronos".*

Juan es un enamorado de los tronos. Si hubiera vivido en nuestra época, ese hubiera sido su pasatiempo.

El trono de Dios se menciona seis veces en los primeros cuatro versículos del capítulo 4. En los capítulos 4 y 5 se menciona un total de 18 veces. El trono de Dios es el centro del universo.

Estudiaremos los otros veinticuatro tronos cuando nos detengamos a considerar a los que estaban sentados en ellos.

6) *Un libro sellado con siete sellos* (Apocalipsis 5.1-10)

Prácticamente, este libro es el programa de la gran tribulación. Allí están descritos los juicios que han de caer sobre este mundo. El apóstol Pablo dijo:

¿O no sabéis que los santos han de juzgar al mundo? (1ª a los Corintios 6.2)

No será un juicio en el cual ellos van a determinar los castigos, pero si van a ser testigos oculares y manifestarán su acuerdo con las sentencias que ya están determinadas y escritas en el libro.

No habrá sino un Juez:

Porque el Padre a nadie juzga, sino que todo el juicio ha encomendado al Hijo (Juan 5.22; Biblia Textual).

7) *Siete lámparas de fuego* (Apocalipsis 4.5)

Son simbólicas, pues dice el texto que son los siete espíritus de Dios. Ya se habían mencionado en 1.4. Del Cordero que toma el libro de los siete sellos también se dice que tiene *"siete ojos, los cuales son los siete espíritus de Dios enviados por toda la tierra"* (Apocalipsis 5.6).

Este símbolo se refiere aparentemente a las siete características del Espíritu Santo que se nos revelan en Isaías 11.2. Son:

- Espíritu de Jehová
- Espíritu de sabiduría
- Espíritu de inteligencia
- Espíritu de consejo
- Espíritu de poder
- Espíritu de conocimiento
- Espíritu de temor de Jehová

2. Algunas indicaciones claras de que los veinticuatro ancianos representan a la iglesia de Cristo que habrá sido trasladada

Hay varias interpretaciones con respecto a estos ancianos. Algunos piensan que son ángeles, otros creen que representan al pueblo judío y a la Iglesia de Cristo.

Sostendremos que los veinticuatro ancianos representan a los redimidos de todos los tiempos hasta el momento cuando la Iglesia de Cristo sea trasladada.

1) Tengamos en mente que Apocalipsis fue escrito a "siete iglesias" cristianas (Apocalipsis 1.4).

Como es lógico, al hablar de los sucesos del fin, se incluyen **los sucesos del cielo**, donde hay millones y millones de ángeles y otros seres; y **los sucesos de la tierra**, donde hay tres clases de personas:

- La Iglesia de Cristo, que sólo se menciona hasta el fin del capítulo 3, luego desaparece, para volverse a mencionar en el capítulo 19, cuando regresa en gloria con Cristo.
- El pueblo judío, que desempeñará papel preponderante durante la gran tribulación.
- Y las naciones.

Es natural que todos estos individuos entren en el programa de Dios para el fin de los tiempos, pero lo que Dios quiere revelar a su iglesia es lo que se relaciona con ella.

2) A estos veinticuatro representantes se les da el nombre de ancianos.

En el pueblo judío y en la Iglesia de Cristo ha habido ancianos. Pero estos ancianos no representan al pueblo judío, el cual aún estará luchando en este mundo durante el tiempo de esta adoración.

Representan a los redimidos, tanto judíos como gentiles, que habrán sido trasladados a la mansión celestial.

3) *El número de ellos es significativo.*

Veinticuatro fue el número de grupos en que el rey David dividió el sacerdocio levítico (1er libro de Crónicas 24.7-19; 25.9-31). Pero debemos recordar que en Israel hubo un sacerdocio.

En cambio, la iglesia de Cristo es un *"real sacerdocio"* (1ª de Pedro 2.9; Apocalipsis 1.6).

Sencillamente, el modelo de Dios para la representación sacerdotal es un número de veinticuatro; y el *"real sacerdocio"* allí representado es su Iglesia.

4) *El oficio de anciano es representativo de la Iglesia de Cristo.*

Esto lo encontramos muchas veces en el Nuevo Testamento (Hechos 14.23; 20.17).

5) *Los veinticuatro ancianos están entronizados.*

No tenemos noticias de que esto se les haya prometido a los ángeles. Ciertamente en el Antiguo Testamento se habla de tronos terrenales para los sucesores reales. A uno que tendrá por nombre David se le promete trono en el reino milenario de Cristo aquí en la tierra. Por supuesto, al Mesías se le promete trono.

Además de esto, sólo a la Iglesia de Cristo se le ha prometido entronización, y además, que estará con Él para siempre (Apocalipsis 3.21; Juan 17.24; 1ª a los Tesalonicenses 4.17).

Así que los veinticuatro ancianos representan a los redimidos.

6) Los veinticuatro ancianos están "vestidos de ropas blancas, con coronas de oro en sus cabezas".

A la Iglesia de Cristo se le prometió: *"El que venciere será vestido de vestiduras blancas"* (Apocalipsis 3.5).

En Apocalipsis 7.9-14 se nos habla de una gran multitud de personas de todas las naciones, que serán los salvos de la gran tribulación. De éstas, que son seres humanos redimidos, se dice también que están *"vestidos de ropas blancas"*.

Cuando se nos habla de los santos de la Iglesia que acompañarán a Cristo hasta el aire en su segunda venida, leemos:

Y los ejércitos celestiales, vestidos de lino finísimo, blanco y limpio, le seguían en caballos blancos (Apocalipsis 19.14).

La ropa, pues, nos indica que los veinticuatro ancianos representan a los redimidos de todas las épocas hasta el traslado.

7) Por otro lado, a los judíos, como pueblo, no se les prometieron coronas.

Los ángeles nunca aparecen coronados. En cambio a los fieles de la iglesia se les han prometido coronas.

Sé fiel hasta la muerte, y yo te daré la corona de vida (Apocalipsis 2.10).

Por lo demás, me está guardada la corona de justicia (2ª a Timoteo 4.8).

Bienaventurado el varón que soporta la tentación, porque cuando haya resistido la prueba, recibirá la corona de la vida (Santiago 1.12).

Y cuando aparezca el Príncipe de los pastores, vosotros recibiréis la corona incorruptible de gloria (1ª de Pedro 5.4).

No hay duda de que estos ancianos representan a la Iglesia de Cristo.

8) La función y la adoración de los ancianos también indican que representan a la Iglesia.

En medio de esta extraordinaria ceremonia celestial tienen una función de inteligencia e información. Ellos saben qué es lo que pasa (Apocalipsis 5.5; 7.13-17). Esta era una promesa para la Iglesia:

Ya no os llamaré siervos porque el siervo no sabe lo que hace su señor; pero os he llamado amigos, porque todas las cosas que oí de mi Padre, os las he dado a conocer (Juan 15.15).

9) En cuanto a la adoración, difícilmente pudieran los ángeles o el pueblo judío rendir adoración con palabras que sólo pertenecen a los redimidos por la sangre de Cristo.

Digno eres de tomar el rollo y de abrir sus sellos, porque fuiste inmolado, y con tu sangre redimiste para Dios de toda tribu y lengua y pueblo y nación.

Y los hiciste un reino para nuestro Dios, y sacerdotes; y reinarán sobre la tierra (Apocalipsis 5.9, 10; Biblia Textual).

Al terminar este capítulo, nos conviene, como parte de la Iglesia de Cristo, postrarnos con los veinticuatro ancianos, con los seres vivientes y con los millones y millones de ángeles, y decir de lo más profundo de nuestro corazón:

Al que está sentado en el trono, y al Cordero, sea la alabanza, y el honor, y la gloria y la soberanía, por los siglos de los siglos (Apocalipsis 5.13; Biblia Textual).

Profundicemos
Los veinticuatro ancianos y la adoración celestial

1. El bosquejo de Apocalipsis es el siguiente:

   1) _____

   2) _____

   3) _____

2. Anoto a continuación siete elementos que vio Juan en la adoración celestial.

   1) _____

   2) _____

   3) _____

   4) _____

   5) _____

   6) _____

   7) _____

3. Por las siguientes razones creo que los 24 ancianos representan a los redimidos.

   1) _____

   2) _____

   3) _____

   4) _____

   5) _____

   6) _____

   7) _____

8

La aventuras del Anticristo

Apocalipsis, capítulos 6 al 19
2ª a los Tesalonicenses 2.1-12

Así como en el cielo habrá un acto inicial de adoración con motivo de la apertura del rollo en que se encuentran registrados los juicios que han de venir *"sobre el mundo entero, para probar a los que moran sobre la tierra"* (Apocalipsis 3.10); así también en la tierra habrá ciertos acontecimientos que servirán como antesala de la gran tribulación.

Juan ve desde la mansión celestial este preámbulo, en el momento cuando el Cordero abre el primer sello:

> Y *miré, y he aquí un caballo blanco; y el que lo montaba tenía un arco; y le fue dada una corona, y salió venciendo, y para vencer* (Apocalipsis 6.1, 2).

1. Diferencia entre el jinete del capítulo 6 y el Jinete del capítulo 19

El intérprete pudiera equivocarse y pensar que este caballo con su jinete son el mismo caballo y el mismo Jinete que aparecen en Apocalipsis 19.11-16.

Pero no es así. Sólo es similar el color del caballo, precisamente porque una de las tácticas del anticristo consiste en imitar los procedimientos de Dios.

Del **jinete del capítulo 6** se nos dicen tres características:

- *"Tenía un arco"*, símbolo de guerra en el tiempo en que se escribió el libro.

- *"Le fue dada una corona"* (*stephanos* en el original), que es la señal de dominio de los reyes y emperadores de este mundo.

- *"Salió venciendo y para vencer"*.

Notemos que su disposición para la guerra sale de sí mismo, nadie le da el arco; en cambio la corona sí *"le fue dada"*, es decir, los hombres le concedieron dominio.

El hecho de que salió venciendo y para vencer indica que es una determinación divina.

Del **Jinete del capítulo 19** se nos dan los más bellos rasgos:

- Al Jinete se le da el calificativo de *"Fiel y Verdadero"*.

- De Él se dice que *"con justicia juzga y pelea"*.

- *"Sus ojos eran como llama de fuego"*. Este es un rasgo de Cristo en la visión de Juan (Apocalipsis 1.14).
- *"Había en su cabeza muchas diademas"*.

  No una corona, sino muchas diademas. Estas eran las que usaban los vencedores.
- *"Estaba vestido de una ropa teñida en sangre"*, indicativo de que Él derramó su sangre.
- *"Su nombre es: El Verbo de Dios"*.
- Lo seguían los ejércitos celestiales.
- *"De su boca sale una espada aguda"*.
- Él regirá a las naciones *"con vara de hierro"*.
- *"Él pisa al lagar del vino del furor y de la ira del Dios Todopoderoso"*.
- Él tiene el siguiente título: *"Rey de reyes y Señor de señores"*.

Las características del jinete del capítulo 6 son completamente diferentes de las del Jinete del capítulo 19, cuyos rasgos son extraordinarios.

El jinete del capítulo 6 es el anticristo. El Jinete del capítulo 19 es nuestro bendito Señor Jesucristo.

A partir de la apertura del primer sello hasta el fin del capítulo 18 hay muchos temas que se pueden estudiar: los cuatro jinetes, los siete sellos, las siete trompetas, los 144.000 sellados, los dos ayes, el ejército de los doscientos millones, los siete truenos, los dos testigos, las siete copas que contienen las siete plagas postreras, el número 666, el dragón contra la mujer, la gran ramera y otros.

Sin embargo, para los efectos de este estudio, no queremos detenernos en tantos temas que corresponden a un período cuando la Iglesia de Cristo no estará en la tierra.

Sencillamente nos dedicaremos a dos aspectos que abarcan todos estos temas: *"Las aventuras del anticristo"* y *"Vista panorámica de la gran tribulación"*. Abarcan suficiente información para el cristiano de hoy.

El resto de este capítulo lo dedicaremos al estudio general del anticristo. En el capítulo siguiente veremos, pues, un panorama de la gran tribulación.

Cuando la Iglesia de Cristo sea trasladada a la mansión celestial, ya habrá nacido y crecido en este mundo un engendro de Satanás, al cual en el Nuevo Testamento se le da el calificativo de anticristo. Este será el hombre que regirá este mundo durante la gran tribulación.

Fácilmente llegará al poder. Ya los políticos de las grandes naciones del mundo hablan sobre la necesidad de liquidar la anarquía, de establecer una paz universal, de que se levante un hombre capaz de dominar este mare mágnum político, económico y administrativo.

Con motivo del traslado de la Iglesia de Cristo, la situación empeorará. Los capitanes de barcos que sean de Cristo, serán arrebatados. No dejarán instrucciones y mucha gente morirá. Los pilotos de Cristo abandonarán sus aviones y muchos de estos se caerán. Los conductores cristianos de trenes, carros y tranvías desaparecerán y la mortandad será horrible. Los cristianos que manejan grandes maquinarias en todo el mundo abandonarán sus sitios de trabajo. Todo quedará en desorden.

El día siguiente la prensa publicará lo que con toda seguridad calificarán de desastre. Habrán desaparecido de la tierra millones y millones de personas. Los muertos también se contarán por millones.

Habrá que echarle la culpa a alguien. Esto hará que aumente la anarquía y el desorden.

Pero aparecerá un hombre sagaz que aparentará ser pacífico (ese es el significado del caballo blanco), pero en realidad tendrá *"un arco";* a éste le darán las naciones *"una corona",* es decir, dominio.

Dios tiene previsto que este engendro de Satanás salga *"venciendo y para vencer".*

2. Características y actividades del Anticristo (2ª a los Tesalonicenses 2.1-12)

1) Características:

- *"Hombre de pecado"* (2ª a los Tesalonicenses 2.3)

  En pensamiento, palabra y hecho, sólo hará lo que ofende a Dios. Cuando decimos: *"hombre de bien",* nos referimos a un hombre que es bondadoso, que hace bienes a las personas, que es de conducta intachable.

  Y si decimos: *"hombre de mundo",* aludimos a un individuo cuyos pensamientos, palabras y obras están dominados por los placeres sensuales, las orgías y todas las cosas del mundo.

Del mismo modo, cuando decimos: *"hombre de pecado"*, estamos hablando de un hombre que es la misma encarnación de la rebeldía contra Dios.

- *"El hijo de perdición"*
  (2ª a los Tesalonicenses 2.3)

El anticristo tiene una prefiguración en el Nuevo Testamento: Judas. Jesús dijo:

... ninguno de ellos se perdió, sino el hijo de perdición, para que la Escritura se cumpliese (Juan 17.12).

Satanás trata siempre de imitar lo que hace Dios. Dios engendró, por obra y gracia del Espíritu Santo, en el vientre de la virgen María, a su Hijo amado, nuestro Salvador. Satanás va a engendrar, o ya ha engendrado, por medio de prácticas ocultistas y satanistas, al que lo representará como hombre en este mundo: el anticristo.

- **Su advenimiento es** *"por obra es Satanás"* **(2ª a los Tesalonicenses 2.9).**

¿Cuál será la mujer que llegará a ser madre del anticristo? Cualquiera que rechace a Cristo, que se preste para el ocultismo, para la hechicería, para la religión de Satanás.

Como se sabe, en la religión de Satanás, el altar es una mujer desnuda que entra en trance. Cualquier cosa le puede suceder.

2) *Actividades:*

- **Se opone y se levanta contra todo lo que se llama Dios o es objeto de culto
(2ª a los Tesalonicenses 2.4).**

Al principio, durante los primeros tres años y medio de su dominio, que será de siete años, hará las paces con todo el mundo y con todas las religiones, incluso con el pueblo de Israel y su religión (Daniel 9.27; Apocalipsis 13.5; 12.14; Daniel 7.25; 12.7).

Para la correcta interpretación de los pasajes que acabamos de anotar, hay que recordar que el año judío era de trescientos sesenta días y los meses eran todos de treinta días.

Por otra parte, en la profecía bíblica hay semanas de años. Así que 42 meses son tres años y medio; una semana son siete años; la expresión *"tiempo, y tiempos, y la mitad de un tiempo"* también se refiere a tres años y medio. De igual modo cuando se mencionan 1.260 días, se hace referencia a tres años y medio.

Al terminar los primeros tres años y medio, se cumplirá la profecía de Daniel 9.27.

- **Se sienta en el templo de Dios como Dios, haciéndose pasar por Dios
(2ª a los Tesalonicenses 2.4).**

Aquí, por fuerza, tenemos que hacer un vaticinio: el templo de Jerusalén será reconstruido antes que terminen los primeros tres años y medio de la gran tribulación. Volverá a haber sacrificios.

El lugar donde estaba el templo de Jerusalén ahora se llama la cúpula de la Roca y la mezquita Al-Aksa, los lugares más sagrados de los mahometanos en la vieja Jerusalén.

Lo sorprendente es que muchos judíos creen que el templo será reconstruido. En la revista Noticias de Israel, Número 9, Año 8, correspondiente a septiembre de 1988, se publicó un artículo titulado: "Un templo para sustituir la mezquita Al-Aksa". Allí se presenta el testimonio que un guía israelí daba a un grupo de turistas:

"Vendrá un día en que construiremos el tercer templo en este lugar. Todos los planes de construcción ya están prontos y el material de construcción ya está también a la disposición. Lo escondemos en un lugar secreto" (pág. 8).

Cuando uno les pregunta a los judíos como harán para hacer que desaparezcan de allí los edificios musulmanes, ellos contestan como explicó otro guía israelí llamado Amín al autor del mismo artículo:

"Puede que una intervención de Dios destruya la mezquita, por ejemplo, por un terremoto o algo semejante" (pág. 9).

- **El anticristo tendrá gran poder espiritual y hará:**

Señales y prodigios mentirosos, y con todo engaño de iniquidad para los que se pierden, por cuanto no recibieron el amor de la verdad para ser salvos (2ª a los Tesalonicenses 2.9, 10).

Hoy hay muchos que no creen en el mensaje sencillo de Jesús, por cuanto no ven milagros extraordinarios.

Por esto Dios les envía un poder engañoso, para que crean la mentira, a fin de que sean condenados todos los que no creyeron a la verdad, sino que se complacieron en !a injusticia (2ª a los Tesalonicenses 2.11, 12).

3. *"Lo que lo detiene"; "Quien al presente lo detiene"* (2ª a los Tesalonicenses 2.6, 7)

1) *"Lo que lo detiene".*

Hay un cuerpo compuesto de hombres y mujeres que han sido llamados por Cristo. Se llama la Iglesia.

Según el mismo Señor, los de la Iglesia de Cristo somos *"la sal de la tierra"* y *"la luz del mundo"* (Mateo 5.13, 14).

Tan pronto como la Iglesia sea arrebatada a recibir al Señor en el aire, este mundo quedará sin preservativo y sin luz. Estará listo para la actuación del anticristo. La Iglesia es lo que lo detiene.

2) "... quien lo detiene".

El Espíritu Santo mora en cada hijo de Dios por la fe que es en Cristo Jesús (Juan 14.17). Cuando sea trasladada la Iglesia, el Espíritu Santo será *"quitado de en medio. Y entonces se manifestará aquel inicuo"* (2ª a los Tesalonicenses 2.7, 8).

4. La manifestación del Anticristo (Apocalipsis 13.1-8)

Con sólo leer esta porción de Apocalipsis comprendemos lo horrible que será la gran tribulación. Notamos de inmediato que el anticristo es una "bestia", es decir un déspota que ejerce poder mundial.

Tiene varias clases de poder:

1) Poder político

Nuestro visionario nos dice:

... vi subir del mar una bestia que tenía siete cabezas y diez cuernos, y sobre sus cabezas, un nombre blasfemo (Apocalipsis 13.1).

- El mar representa a las naciones gentiles de aquel tiempo (Apocalipsis 17.15).
- Las siete cabezas tienen un significado simbólico, según lo explica el mismo Apocalipsis. Son *"siete montes, sobre los cuales se sienta la mujer"* (Apocalipsis 17.9).

La mujer es Roma, la ciudad de los siete montes. No se refiere a la ciudad en sí, sino al imperio que tenía su sede en aquella ciudad. Así que el anticristo tiene el poder político del antiguo imperio romano.

- Los diez cuernos son diez reyes (Apocalipsis 17.12). Se deduce, entonces, que la bestia no es sólo un déspota, sino todo un imperio compuesto por los reinos de diez reyes, que son los que le dan autoridad al anticristo, quien es el décimo primer rey.

  Cuando salió el anticristo en el caballo blanco (Apocalipsis 6.2), le fue dada una corona, señal de que era rey de un sólo reino. Pero él vence a los diez reyes y, por eso, ahora tiene diez diademas, las cuales simbolizan sus triunfos. Así que el anticristo tendrá todo el poder que le corresponde a las postrimerías del imperio romano, que actualmente se agrupa en la Comunidad Económica Europea.

- Pero, además, el anticristo tendrá el poder político que le viene de todos los grandes poderes mundiales que ha habido en la historia, a partir de Babilonia hasta Roma.

  Daniel, en su visión de los poderes mundiales (Daniel 7), vio primero una bestia como un león, que representaba al rey de Babilonia; la segunda, como un oso, representaba al rey medo-persa; la tercera, como un leopardo, representaba al emperador griego;

  la cuarta bestia, espantosa y terrible y en gran manera fuerte ... tenía unos dientes grandes de hierro; devoraba y desmenuzaba, y las sobras hollaba con sus pies.

Representaba al emperador romano. La combinación de estas cuatro bestias caracteriza al anticristo (Apocalipsis 17.2-7).

En Daniel 11.37 se nos dice que este blasfemo, *"Del Dios de sus padres no hará caso";* lo cual puede ser una indicación de que el anticristo pudiera ser un israelita descendiente de aquellos que han vagado entre las naciones gentiles, que tiene bien escondido su nombre hasta el momento cuando reciba el poder político.

2) *Poder satánico*

Este poder será la fuerza de su imperio. Juan nos dice claramente quién es el dragón: Satanás (Apocalipsis 20.2).

El anticristo tiene estrecha relación con el dragón, pues es herido de muerte, y su herida es sanada por el poder satánico.

El dragón le da su autoridad, y los que no están *"escritos en el libro de la vida del Cordero"* adoran a la bestia.

3) *Poder religioso*

Éste lo ejerce personalmente, pero de manera especial a través de otra bestia, que no surge del mar, sino de la tierra, muy probablemente de Israel, la cual tiene cuernos de cordero para poder engañar, pero habla como el dragón (Apocalipsis 13.11-18).

El anticristo habla blasfemias contra Dios, les hace guerra a los santos de la gran tribulación y los vence; y tiene autoridad religiosa sobre todo el mundo (Apocalipsis 13.7).

5. El fin del Anticrito
(2ª a los Tesalonicenses 2.8; Apocalipsis 19.20)

- Según 2ª a los Tesalonicenses, el Señor matará al anticristo *"con el espíritu de su boca"*.

- Según Apocalipsis, la bestia y el falso profeta son *"lanzados vivos dentro de un lago de fuego que arde con azufre"*.

¿Se contradicen estas porciones bíblicas? ¡Claro que no!

Según la enseñanza bíblica, hay dos clases de muerte: la primera y la segunda. La primera es aquella en la cual muere el cuerpo. La segunda consiste en ser lanzado en el lago de fuego, que es el infierno eterno.

Lo que Pablo dice es que el Señor, con el espíritu de su boca, lanzará a la bestia y al falso profeta al lago de fuego, donde estarán para siempre.

Profundicemos
Las aventuras del anticristo

1. En el cielo, el preámbulo de la gran tribulación será un acto de

   _____

2. El jinete de Apocalipsis 6.1, 2 es

   _____

3. El Jinete de Apocalipsis 19.1-16 es

   _____

4. Características del jinete del caballo blanco en el capítulo 6:

   1) _____

   2) _____

   3) _____

5. Características del Jinete de Apocalipsis 19.11-26:

   1) _____

   2) _____

   3) _____

   4) _____

5) _____

   6) _____

6. El gobernante de este mundo durante la gran tribulación será

   _____

7. La prefiguración del anticristo en el Nuevo Testamento fue

   _____

8. El advenimiento del anticristo será por obra de

   _____

9. El anticristo se levanta contra todo lo que se llama _____ o es objeto de _____

10. El período de gobierno del anticristo durará

    _____

11. El anticristo hará _____ y _____ engañosos.

12. El mar de donde sale el anticristo representa a

    _____

13. El anticristo se sentará en el _____ de Dios.

9

Vista panorámica de la gran tribulación
Apocalipsis, capítulos 4 al 19

Hemos venido sosteniendo el punto de vista de que la Iglesia de Cristo ha de ser trasladada a la mansión celestial antes de la gran tribulación (Apocalipsis 3.10; 4.1; 1ª a los Tesalonicenses 1.10).

Es cierto que debemos tener conocimiento sobre los hechos de la gran tribulación. Se hallan escritos en la Palabra de Dios, especialmente en Apocalipsis, libro que fue dirigido específicamente a las iglesias.

Sin embargo, no conviene que nos detengamos largamente en el estudio de algo que no nos corresponderá. Mucho menos debemos extasiarnos en los castigos que vendrán sobre los que *"no recibieron el amor de la verdad para ser salvos"* (2ª a los Tesalonicenses 2.10).

Estos estudios deben enseñarnos a amar más a los perdidos y a hacer cuanto podamos a fin de que escapen de los juicios que han de venir. Debemos orar mucho por nuestros familiares y amigos, y hacer cuanto esté de nuestra parte para que reciban la salvación, ahora cuando es el tiempo oportuno.

Con respecto a los verdaderos cristianos, está escrito:

Ahora, pues, ninguna condenación hay para los que están en Cristo Jesús (Romanos 8.1).

Mientras estemos en este mundo, la Palabra de Dios nos manda:

Así que, según tengamos oportunidad, hagamos bien a todos, y mayormente a los de la familia de la fe (Gálatas 6.10).

Pero conviene que tengamos una vista panorámica de la gran tribulación. Los sucesos que ocurrirán en este período de siete años se encuentran descritos en Apocalipsis, capítulos 4 a 19.

Ya vimos que los capítulos 4 y 5 de Apocalipsis constituyen un preámbulo celestial. El capítulo 19, donde se nos presenta la segunda venida de Cristo (Capítulo 10 de este libro), entra a esta altura de nuestro estudio por cuanto su descenso pone fin a la gran tribulación.

La gran tribulación se puede resumir en tres grandes series septenarias de juicios: los siete sellos (Apocalipsis 6), las siete trompetas (Apocalipsis 8 y 9) y las siete copas de la ira de Dios (Apocalipsis 16). Estas series de juicios constituyen la columna vertebral de esta parte, que es la más larga de Apocalipsis. Siguen un orden cronológico.

Los demás capítulos de esta parte del libro de Apocalipsis narran eventos muy importantes para que podamos entender el período de la gran tribulación, pero no aparecen necesariamente en orden cronológico.

Algunos comentaristas los llaman paréntesis. Esta denominación se acepta, con tal de que se entienda que tales hechos no carecen de importancia ni de relación con los juicios septenarios.

1. Los siete sellos (Apocalipsis 6.1-17)

Abarcan la primera cuarta parte de la gran tribulación.

1) *Primer sello* (Apocalipsis 6.2)

Por la necesidad de identificar al anticristo, ya estudiamos este sello en el capítulo anterior.

Notemos, sin embargo, que aunque el jinete sale *"venciendo y para vencer"*, aparece en un caballo blanco, símbolo de paz, y que se le da una corona, lo cual indica que tiene un reino. Así que, desde este punto de vista, la gran tribulación comenzará como un hecho importante para las naciones del mundo.

2) *El segundo sello* (Apocalipsis 6.3, 4)

El caballo bermejo simboliza la guerra. De hecho, al que lo montaba se le dio poder para *"quitar la paz de la tierra ... y se le dio una gran espada."*

Se demostrará, pues, que la apariencia de paz con que aparecerá el anticristo es falsa. Ha comenzado el derramamiento de sangre.

3) *El tercer sello* (Apocalipsis 6.5, 6)

Ahora el caballo es negro, símbolo del hambre, y el jinete tiene una balanza en la mano, la cual nos hace recordar el racionamiento de alimentos.

4) *El cuarto sello* (Apocalipsis 6.7, 8)

El caballo amarillo simboliza la muerte. Este es el único jinete del cual se da el nombre: *"Muerte"*. El hecho de que *"el Hades le seguía"* indica que se refiere a la muerte física y al destino de la parte material del hombre.

El jinete tiene cuatro instrumentos para matar: espada, hambre, mortandad (por las epidemias que acompañan a la guerra) y por medio de las fieras.

Notemos que muere la cuarta parte de la población.

5) *El quinto sello* (Apocalipsis 6.9-11)

Aquí el visionario no ve a las personas en el cielo. Ve:

las almas de los que habían sido muertos por causa de la palabra de Dios y por el testimonio que tenían (Apocalipsis 6.9).

Estos son los redimidos durante la primera parte de la gran tribulación. Tendrán que morir por causa de Cristo. Se les dijo que esperaran:

... hasta que se completara el número de sus consiervos y sus hermanos, que también habían de ser muertos como ellos (Apocalipsis 6.11).

Quiere decir que los que queden con vida y los que se vayan convirtiendo seguirán muriendo.

6) *El sexto sello* (Apocalipsis 6.12-17)

Este es el momento cuando los hombres tendrán que reconocer que están en la gran tribulación.

Son seis los hechos aterrorizantes que se manifiestan al abrir este sello:

- Un gran terremoto.
- El sol se puso negro (notemos que no se volvió "tela de cilicio", sino "como").
- La luna se volvió "como" sangre.
- Cae una lluvia de meteoros.
- Todo parece indicar que el cielo se abre momentáneamente (*"el cielo se desvaneció como un pergamino"*) para que los hombres puedan ver desde la tierra la pavorosa presencia de Dios en el trono.
- Todo monte y toda isla se removió de su lugar. Esto no quiere decir que desaparecen.

¿Se arrepentirá entonces la gente?

Y los reyes de la tierra, y los grandes, los ricos, los capitanes, los poderosos, y todo siervo y todo libre, se escondieron en las cuevas y entre las peñas de los montes; y decían a los montes y a las peñas: 'Caed sobre nosotros, y escondednos del rostro de aquel que está sentado sobre el trono, y de la ira del Cordero, porque el gran día de su ira ha llegado; ¿y quién podrá sostenerse en pie?' (versículos 15-17).

7) *El séptimo sello* (Apocalipsis 8.1)

Con la apertura de este sello, todo el rollo queda abierto, y uno esperaría un holocausto mundial en este instante. Cesaron todos los coros de ancianos, de seres vivientes y de ángeles.

Pero su apertura sólo da paso a la serie de castigos que dependen de las trompetas. Reinó un intenso silencio durante media hora y de inmediato siete ángeles se dispusieron a tocar sus trompetas.

2. Las siete trompetas (Apocalipsis 8 y 9)

Esta serie septenaria de castigos nos lleva hasta la mitad de la gran tribulación.

Es de notar que estos juicios caen como resultado de las oraciones de los redimidos durante la gran tribulación, quienes suplican:

¿Hasta cuándo, Señor, santo y verdadero, no juzgas y vengas nuestra sangre en los que moran en la tierra? (6.10)

Las oraciones ascienden con la ayuda del mismo Dios, y los castigos descienden (8.3-5).

1) *La primera trompeta* (Apocalipsis 8.7)

Con el sonido de esta trompeta caen granizo y fuego mezclados con sangre.

Este juicio no es extraño, pues ya cayó sobre Sodoma y Gomorra (Génesis 19). Las aguas del Nilo una vez se volvieron sangre (Éxodo 7.14-21). Es lógico que al caer rayos y granizo haya sangre.

Lo más notable de este castigo es que cae *"sobre la tierra"*.

2) La segunda trompeta (Apocalipsis 8.8)

Lo que Juan vio fue *"como una gran montaña ardiendo en fuego"* que se precipitó en el mar.

No podemos comparar ese fenómeno con nada de nuestra experiencia. Pero sí entendemos que una parte de nuestro globo es afectada y cuáles son los efectos que se producen.

El mar es la gran extensión de agua salada que cubre la mayor parte de la superficie del globo. Allí están los barcos, los pescadores, gran parte del comercio y de las riquezas del mundo.

Aparentemente lo que cae es como un meteorito cuya composición química convierte las aguas en sangre. Muere la tercera parte de los seres vivientes que están en el mar (hombres, peces, cetáceos, etc.). Como resultado queda destruida la tercera parte de los barcos del mundo.

3) La tercera trompeta (Apocalipsis 8.10,11)

Ajenjo es el nombre de una variedad de plantas amargas que se producen en Israel. Todas tienen un fuerte sabor amargo. La planta se usa como símbolo de amargura, tristeza y calamidad.

Debemos notar que este meteoro cae sobre la tercera parte de las aguas no saladas: los ríos y las fuentes de estas aguas. Las aguas se vuelven amargas y muchos hombres mueren.

4) La cuarta trompeta (Apocalipsis 8.12)

El cuarto castigo consiste en una negra oscuridad durante la tercera parte del día y la tercera parte de la noche.

Algo ocurrirá en la atmósfera que impedirá que la luz del sol, la luna y las estrellas llegue hasta la tierra. Se verán como si estuvieran heridos.

El mismo Señor Jesucristo predijo esto:

Entonces habrá señales en el sol, en la luna y en las estrellas, y en la tierra angustia de las gentes, confundidas a causa del bramido del mar y de sus ondas (Lucas 21.25).

Las trompetas quinta, sexta y séptima corresponden a tres ayes, es decir, darán lugar a que se arrecie la gran tribulación (8.13).

5) La quinta trompeta (Apocalipsis 9.1-11)

Cuando Juan miró, ya había caído una estrella del cielo a la tierra.

En algunos casos bíblicos, la palabra *"estrella"* se refiere a un cuerpo celeste (Apocalipsis 8.12).

Mediante una figura de dicción, también se refiere a un individuo prominente, generalmente un ángel (Apocalipsis 1.20; Job 38.7).

En castellano tenemos dos significados. Aunque el último es figurado, puede interpretarse literalmente, como cuando decimos "una estrella del cine".

En este caso, la misma revelación da a entender que es un ser personal, pues dice: *"se le dio la llave del pozo del abismo. Y abrió el pozo del abismo"*.

Es un ser que tiene autoridad, aparentemente el mismo que en el versículo 11 se llama *"el ángel del abismo, cuyo nombre en hebreo es Abadón, y en griego, Apolión",* es decir, el destructor (Apocalipsis 9.11). Dicho de otro modo, es el mismo Satanás.

Del pozo del abismo sale una especie de langostas, según la describe Juan. Estos seres no son simbólicos, sino reales.

No se verán sino en la gran tribulación. Son criaturas demoníacas. No comen hierbas como las otras langostas.

Hay un poder que las limita. Sólo deben hacer daño a los hombres que no tengan el sello de Dios en sus frentes (los 144.000).

Para Juan eran muy raras estas criaturas demoníacas. Por eso, para describirlas, usa siete veces el comparativo *"como"* y una vez el comparativo *"semejantes a"*.

El aspecto de las langostas era semejante a caballos preparados para la guerra ... tenían como coronas de oro; sus caras eran como caras humanas; tenían cabello como cabello de mujer; sus dientes eran como de leones; tenían corazas como corazas de hierro; el ruido de sus alas era como el estruendo de muchos carros; y tenían colas como de escorpiones (Apocalipsis 9.7-10).

Tienen límite de tiempo para atormentar a los hombres: sólo durante cinco meses.

También están limitados en cuanto al efecto del castigo: *"Y les fue dado, no que los matasen, sino que los atormentasen"* (Apocalipsis 9.5).

Estos seres infernales también tienen un rey: Satanás (Apocalipsis 9.11).

¡Qué terrible ay! ¡Gracias a Dios que ya nosotros estaremos con Él! Debemos tratar de ganar a muchos más, a fin de que escapen de este tormento.

No olvidemos que *"en aquellos días los hombre buscarán la muerte, pero no la hallarán"* (Apocalipsis 9.6).

6) *La sexta trompeta* (Apocalipsis 9.13-21)

En el río Éufrates hay cuatro ángeles malos atados *"preparados para la hora, día, mes y año, a fin de matar a la tercera parte de los hombres"* (Apocalipsis 9.15).

Si no estuvieran atados, la guerra mundial no cesaría. En aquella guerra final habrá doscientos millones de jinetes (Apocalipsis 9.16).

Si tenemos en cuenta que, cuando se abrió el cuarto sello (6.8), murió la cuarta parte de la población de la tierra, y ahora con la sexta trompeta muere la tercera parte, entendemos que la población quedará completamente diezmada.

Hagamos la cuenta. Supongamos que, cuando la Iglesia sea trasladada, la suma de habitantes sea de seis mil millones de personas. Si la tercera parte se va con el Señor, sólo quedarán cuatro mil millones.

Luego morirá la cuarta parte. Sólo quedarán tres mil millones.

Y ahora muere la tercera parte. Quedarán dos mil millones.

Eso sin contar otros cuantos muertos que van cayendo durante la gran tribulación, entre ellos muchos que recibirán a Cristo como su Salvador y se negarán a recibir la marca de la bestia.

El hecho de que *"las cabezas de los caballos eran como de leones; y de su boca salían fuego, humo y azufre;"* y de que *"Por estas tres plagas fue muerta la tercera parte de los hombres"*, puede indicar que este enorme ejército es de demonios.

Hay otro hecho complementario:

el poder de los caballos estaba en su boca y en sus colas; porque sus colas, semejantes a serpientes, tenían cabezas, y con ellas dañaban (Apocalipsis 9.19).

Sin embargo, nada tiene de particular que el visionario no haya encontrado otra manera de describir tan terrible fenómeno. Así fue como lo vio él.

Uno de los resultados indirectos de este terrible juicio éste:

los hombres que no fueron muertos con estas plagas, ni aún así se arrepintieron de las obras de sus manos, ni dejaron de adorar a los demonios, y a las imágenes de oro, de plata, de bronce, de piedra y de madera, las cuales no pueden ver, ni oír, ni andar; ni se arrepintieron de sus homicidios, ni de sus hechicerías, ni de su fornicación, ni de sus hurtos (Apocalipsis 9.20, 21).

Se presenta a continuación un largo intermedio para explicar lo relacionado con un ángel cuya intervención hizo que siete truenos emitieran sus voces, aparentemente otra serie septenaria de castigos.

El ángel le ordenó a Juan:

Sella las cosas que los siete truenos han dicho, y no las escribas (Apocalipsis 10.4).

Este ángel también le dio un librito a Juan para que se lo comiera. El lo comió y fue dulce en su boca, pero amargo en su vientre. Esto significaba:

Es necesario que profetices otra vez sobre muchos pueblos, naciones, lenguas y reyes (Apocalipsis 10.11).

Luego viene la medición del templo de Dios y el testimonio de los dos testigos que mueren en Jerusalén, cuyos cadáveres permanecerán tres días y medio en la plaza. Luego resucitarán y subirán al cielo en una nube (Apocalipsis 11.1-14).

7) *La séptima trompeta* (Apocalipsis 11.15-19)

Para que los reinos del mundo lleguen a ser *"de nuestro Señor y de su Cristo"* (Apocalipsis 11.15), será necesario que el anticristo se manifieste con todo su furor.

Al sonar la séptima trompeta, todo se prepara en el cielo para observar los acontecimientos finales. El templo de Dios se abre y el arca del pacto se ve en el templo. Hay relámpagos, voces, truenos, un terremoto y grande granizo (Apocalipsis 11.19).

En el capítulo 12 aparece un verdadero paréntesis, necesario para explicar la relación histórica de Cristo con el dragón y las dos bestias: el anticristo y el falso profeta.

El dragón es Satanás (Apocalipsis 12.1-9). La mujer es Israel (versículos 1, 2). El hijo que nace es el Señor Jesucristo.

El dragón es echado del cielo y no tiene más acceso el acusador de los hermanos. Por esta razón persigue a Israel.

Se esconde Israel en el desierto, *"donde es sustentada por un tiempo, y tiempos, y la mitad de un tiempo"* (versículo 14), es decir, durante los últimos tres años y medio de la gran tribulación.

Entonces el dragón se llenó de ira contra la mujer; y se fue a hacer guerra contra el resto de la descendencia de ella, los que guardan los mandamientos de Dios y tienen el testimonio de Jesucristo (Apocalipsis 12.7).

Se refiere a los convertidos durante el tiempo de la gran tribulación que hayan quedado vivos.

En el capítulo 13 de Apocalipsis se levantan las dos bestias que ya estudiamos en el capítulo relacionado con el anticristo.

La primera parte del capítulo 14 de Apocalipsis habla sobre el cántico de los 144.000. Y la última parte del capítulo narra el mensaje de tres ángeles: uno de ellos proclama desde el cielo el evangelio eterno; el otro anuncia la caída de la gran Babilonia; y el tercero anuncia el castigo para el que adore a la bestia y a su imagen.

En Apocalipsis 14.14-20 y el capítulo 15 encontramos un preludio para la última serie septenaria de castigos: las siete copas con las siete plagas postreras.

Se nota que estamos en la parte más densa de la gran tribulación.

3. Las siete copas de la ira de Dios (Apocalipsis 16)

1) La primera copa (Apocalipsis 16.2)

Castigo: úlcera pestilente para los que tengan la marca de la bestia y adoren a su imagen.

2) *La segunda copa* (Apocalipsis 16.3)

Castigo: el mar se convierte en sangre como de muerto y muere todo ser vivo del mar.

3) *Tercera copa* (Apocalipsis 16.4-7)

Castigo: las aguas dulces se convierten en sangre. A los que derramaron la sangre de los santos se les da sangre a beber.

4) *La cuarta copa* (Apocalipsis 16.10-11)

Castigo: quemaduras producidas por el sol, como nunca antes. Pero la gente no se arrepiente.

5) *La quinta copa* (Apocalipsis 16.8,9)

Castigo: tinieblas, úlceras y dolor sobre los funcionarios del reino de las tinieblas. Pero no se arrepienten.

6) *La sexta copa* (Apocalipsis 16.12-16)

Castigo: de la boca del dragón, y del anticristo y del falso profeta salen tres espíritus inmundos que convocan a todos los reyes de la tierra para la gran batalla de Armagedón, en la cual el anticristo piensa vencer a Cristo (17.14), pero saldrá derrotado.

7) *La séptima copa* (Apocalipsis 16.17-21)

Castigos: temblor de tierra, el terremoto cumbre de toda la historia, las ciudades caen, se derrama el juicio sobre la gran Babilonia, desaparecen las islas y los montes; cae un enorme granizo sobre los hombres. Un talento es más o menos 34 kilogramos. Ese será el peso del granizo-juicio.

En el capítulo 17 se nos narra en detalle la destrucción del sistema religioso del mundo, que mediante un ecumenismo sincretista se ha convertido en *"Babilonia la grande, la madre de las rameras y de las abominaciones de la tierra"* (Apocalipsis 17.5).

Luego, en el capítulo 18, aparece la destrucción del sistema económico mundial que es otra de las actividades de la gran Babilonia. Tenía que llegarle el juicio:

... en ella se halló la sangre de los profetas y de los santos, y de todos los que han sido muertos en la tierra (Apocalipsis 18.24).

En el capítulo 19 de Apocalipsis, Juan nos presenta la parte que le corresponde a Cristo, en su segunda venida (Capítulo 10 de este libro).

Conclusiones

- Tiene razón Dios al no permitir que la Iglesia pase por la gran tribulación.

- Debemos alabar al Señor por tanta bondad para nosotros.

- Debemos trabajar sin descanso para que nuestros amigos y familiares lleguen a tiempo a los pies de Cristo.

- Nosotros no seremos semejantes a los castigados, sino a Cristo (1ª de Juan 3.2).

Profundicemos
Vista panorámica
de la gran tribulación

1. ¿Qué simboliza el color de los siguientes caballos?

    1) Blanco _____

    2) Bermejo _____

    3) Negro _____

    4) Amarillo _____

2. Cuando se abrió el sexto sello, ocurrieron seis cosas terribles. ¿Recuerdas algunas?

    1) _____

    2) _____

    3) _____

    4) _____

    5) _____

    6) _____

3. Después de abiertos los siete sellos, sonaron siete trompetas. Recuerdas lo que pasó cuando sonó cada una de ellas.

   Primera trompeta _____

   Segunda trompeta _____

   Tercera trompeta _____

   Cuarta trompeta _____

   Quinta trompeta _____

   Sexta trompeta _____

   Séptima trompeta _____

4. Cada copa anuncia un castigo. ¿Recuerdas algunos de los siete castigos?

   Primera copa _____

   Segunda copa _____

   Tercera copa _____

   Cuarta copa _____

   Quinta copa _____

   Sexta copa _____

   Séptima copa _____

10

La segunda venida de Cristo

Apocalipsis 19

Tenemos que recordar lo que estudiamos en el Capítulo 6.

Una cosa es la *parusía* de Cristo, cuando Él vendrá hasta el aire. Nadie lo verá, pero todos los componentes de su verdadera Iglesia, vivos o muertos, seremos arrebatados para encontramos con Él en el aire. De ahí en adelante estaremos siempre con el Señor (1ª a los Tesalonicenses 4.16, 17).

Otra cosa muy distinta es la aparición de Cristo, cuando se cumplirá lo predicho en Apocalipsis 1.7:

> *He aquí viene con las nubes, y lo verá todo ojo, y los que lo traspasaron; y harán lamentación por Él todas las tribus de la tierra. Sí, amén* (Biblia Textual).

Antes del descenso de Cristo por segunda vez a esta tierra habrá una especie de bodas del Cordero y la cena de las bodas. De inmediato se produce el descenso.

Al llegar a este mundo, se anuncia la batalla de Armagedón con la cual termina la gran tribulación.

1. Solemne ceremonia celestial (Apocalipsis 19.1-6)

Esta divina ceremonia está caracterizada por cuatro *"aleluyas"*. La palabra *"aleluya"* significa: *alabad al Señor*. Sólo aparece en este capítulo del Nuevo Testamento.

En el Antiguo Testamento, la palabra se tradujo *"alabad a Jehová"*.

1) El doble "aleluya" de los redimidos de todos los tiempos (Apocalipsis 19.1-3)

Se nota que este doble aleluya es de los redimidos, pues los veinticuatro ancianos y los seres vivientes se mencionan aparte. En esta alabanza se le tributa a Dios *"salvación y honra y gloria y poder"* (Apocalipsis 19.1).

Se da la razón: sus juicios son verdaderos y justos; ha juzgado a la gran ramera; ha vengado la muerte de sus siervos de la mano de ella.

Es terrible lo que se dice de la destrucción de la gran ramera: *"Y el humo de ella sube por los siglos de los siglos"* (versículo 3).

2) El "aleluya" de los veinticuatro ancianos y de los cuatro seres vivientes (Apocalipsis 19.4)

Todos estos "se postraron en tierra y adoraron a Dios, que estaba sentado en el trono, y decían: ¡Amén! ¡Aleluya!"

Es decir, manifestaban el acuerdo con el aleluya de los redimidos.

3) El "aleluya" por las bodas del Cordero (Apocalipsis 19.6)

Lo pronuncia la inmensa multitud de seres que están presentes en la ceremonia celestial.

2. Las bodas del Cordero (Apocalipsis 19.7, 8)

1) En primer lugar se destaca el gozo que manifestaban todos los coros celestiales.

Porque han llegado las bodas del Cordero, y su esposa se ha preparado.

Esta era una expectativa que venía desde el tiempo cuando comenzó la iglesia.

Pablo enseña esta doctrina:

... Cristo amó a la iglesia, y se entregó a sí mismo por ella, para santificarla, habiéndola purificado en el lavamiento del agua por la palabra, a fin de presentársela a sí mismo una iglesia gloriosa, que no tuviese mancha ni arruga ni cosa semejante, sino que fuese santa y sin mancha (Efesios 5.25-27).

Los componentes de todos los coros celestiales están conscientes de que tiene que llegar este momento.

2) Luego se destaca el vestido con que está ataviada la esposa:

A ella se le ha concedido que se vista de lino fino, limpio y resplandeciente; porque el lino fino es las acciones justas de los santos (19.8).

No se describe en detalle la parte matrimonial de la ceremonia. Se entiende que es sencillamente la unión definitiva de Cristo con su Iglesia.

Y esto tiene que ocurrir precisamente antes que Él descienda a poner fin a la gran tribulación y establecer su reino milenario.

3. La cena de las bodas del Cordero (Apocalipsis 19.9, 10)

1) Los invitados

No son componentes de la Iglesia, pues ella es la esposa. No son los impíos, porque para ellos no hay lugar allí (Apocalipsis 21.27). Tienen que ser personas redimidas que no pertenecen a la Iglesia, que es el Cuerpo de Cristo. Bien pudieran ser los salvos durante la gran tribulación.

En todo caso son *"Bienaventurados"*. El ángel le dijo al escritor: *"Estas son palabras verdaderas de Dios"*.

2) El problema de Juan

Juan se sintió tan sobrecogido con todo esto de las bodas del Cordero y de la cena de las bodas, y por el hecho de que había un ángel que le iba explicando todo, que se postró a sus pies para adorarlo.

Fue entonces cuando recibió el mensaje angelical que nos transmite:

Mira, no lo hagas; yo soy consiervo tuyo, y de tus hermanos que retienen el testimonio de Jesús. Adora a Dios; porque el testimonio de Jesús es el espíritu de la profecía (Apocalipsis 19. 10).

4. "He aquí que viene con las nubes" (Apocalipsis 19.11-16).

El asunto de las nubes es algo que ha causado problemas a los intérpretes bíblicos.

Algunos creen la declaración literalmente. Otros la creen en el sentido de que Él viene a través de la atmósfera. Y hay los modernistas, quienes creen que los que creemos estas cosas estamos añorando los días de la infancia.

1) Significado de la palabra "nube"

Una nube es una masa de vapores, más o menos densos, en suspensión en la atmósfera. En este caso tenemos los cirros, los cúmulos, los estratos y los nimbos, que son las formas que toman las nubes.

Pero figuradamente, nube también es una agrupación de cosas que, como las nubes, oscurecen el sol: nubes de polvo, nubes de humo, nubes químicas.

También llamamos nube a una multitud: una nube de periodistas, una nube de pretendientes.

La Biblia nos habla acerca de *"una grande nube de testigos"* (Hebreos 12.1).

2) La Biblia enseña que Cristo vendrá con las nubes (Apocalipsis 1.7).

¿Qué clase de nubes serán? ¿Serán de vapor, de polvo, de humo o químicas? ¿O serán nubes de testigos?

3) Promesa para los que han resucitado con Cristo y ponen el corazón en las cosas que los separan de esta tierra:

Cuando Cristo, vuestra vida, sea manifestado, entonces también vosotros seréis manifestados con Él en gloria (Colosenses 3.4; Biblia Textual).

4) Lo que ocurre en Apocalipsis, capítulo 19, es la manifestación de Cristo en gloria.

Ya dimos las características del Jinete de Apocalipsis 19 en el Capítulo 8 de este libro, para poderlo comparar con el jinete del capítulo 6 que es el anticristo.

Se nos dan tres nombres de nuestro Señor para este momento de su manifestación gloriosa: *"Fiel y Verdadero"* (Apocalipsis 19.11); *"El Verbo de Dios"* (Apocalipsis 19.13); y *"Rey de reyes y Señor de señores"* (Apocalipsis 19.16).

El primero se relaciona con el derecho que Él tiene para cumplir esta acción. El segundo, con el hecho de que Él se encarnó para servir como Revelación directa de Dios a los hombres; y el tercero, con la realidad de que los hombres lo habrán negado hasta ese momento.

Pero ahora trae *"en su cabeza muchas diademas"* (Apocalipsis 19.12), las cuales indican que ha triunfado sobre todos sus enemigos (1ª a los Corintios 15.25).

Esta es, pues, la manifestación gloriosa de nuestro Señor Jesucristo.

He aquí viene con las nubes, y lo verá todo ojo, y los que lo traspasaron; y harán lamentación por Él todos las tribus de la tierra. Sí, amén (Apocalipsis 1.7; Biblia Textual).

5) Notemos la vestidura de la esposa, que es la Iglesia:

Y a ella se le ha concedido que se vista de lino fino, limpio y resplandeciente; porque el lino fino es las acciones justas de los santos (Apocalipsis 19.8).

6) Ahora, notemos cómo están formadas las nubes con las cuales Cristo se manifiesta en gloria:

Y los ejércitos celestiales, vestidos de lino finísimo, blanco y limpio, le seguían en caballos blancos (Apocalipsis 19.14).

¿Quiénes son éstos y cuáles son las nubes con las cuales viene? ¿Quiénes son los que están vestidos con esa ropa, según el versículo 8?

Estos ejércitos celestiales somos la Iglesia de Cristo, en el momento de manifestarnos con Él en gloria. Desde la tierra nos verán como nubes de testigos.

¡Qué gloriosa esperanza bienaventurada tenemos los hijos de Dios! Por eso se nos ordena en las Escrituras:

Porque la gracia de Dios se ha manifestado para salvación a todos los hombres, enseñándonos que, renunciando a la impiedad y a los deseos mundanos, vivamos en este siglo sobria, justa y piadosamente, aguardando la esperanza bienaventurada y la manifestación gloriosa de nuestro gran Dios y Salvador Jesucristo (Tito 2.11-13).

Por esto mismo habla Pablo de *"la venida de nuestro Señor Jesucristo con todos sus santos"* (1ª a los Tesalonicenses 3.13).

7) ***Aunque a los cristianos se nos dice que hemos de reinar con Cristo*** **(2ª a Timoteo 1.12; Apocalipsis 2.26, 27),** ***sin embargo, esta función la desempeñaremos desde nuestra morada celestial.***

Parece que no hay verdadera base bíblica para afirmar que volveremos a vivir en esta tierra para reinar sobre la gente.

Cuando Cristo ponga su pie sobre el monte de los Olivos (Zacarías 14.3, 4) estará sólo. Nosotros sólo lo acompañaremos hasta el aire.

Por otra parte, los judíos y los pocos que hayan quedado de las naciones, que son los que entrarán en el reino milenario de Cristo, serán de carne y hueso como ahora somos nosotros.

En cambio, los miembros de la Iglesia de Cristo seremos en aquel día cuerpos espirituales (1ª a los Corintios 15.35-44), como el cuerpo que tuvo Cristo después que resucitó (Juan 20.19, 20).

Podremos traspasar puertas y ventanas, aunque estén cerradas, y trasladarnos con la velocidad del pensamiento a cualquier parte del universo a donde el Señor nos envíe en misión. No sería justo que con tantas facultades y poder vengamos a gobernar a hombres y mujeres de carne y hueso.

Pero así como vemos que los ángeles tienen esfera de autoridad en el mundo, aunque no están aquí, ni son de la naturaleza de los seres humanos (Daniel 10.13,14; Apocalipsis 9.14,15), así también los cristianos podremos tener nuestra esfera de autoridad.

Recordemos, además, que el mundo venidero no estará sujeto a los ángeles. El Señor los va a jubilar.

Ese trabajo le corresponderá a uno que es hecho *"un poco menor que los ángeles"* (Hebreos 2.5-8). Ese es, en primer lugar, nuestro bendito Señor Jesucristo, y luego, todos los que ahora pertenecemos a Él. El hombre es un poco menor que los ángeles.

Cuando estudiamos el traslado de la iglesia, entendimos por la Palabra de Dios que, después que seamos transformados y arrebatados, *"así estaremos siempre con el Señor"* (1ª a los Tesalonicenses 4.17). Cristo establecerá su reino milenario y Él será el Rey (Mateo 1.1; Lucas 1.32,33).

Sin embargo, Él no tendrá que quedarse personalmente en Jerusalén. Habrá un regente que se llamará David (Isaías 55.3, 4; Jeremías 30.9; 33.17, 20, 21; Ezequiel 34.23, 24; 37.24, 25; Oseas 3.5).

El Señor Jesús estará en la Nueva Jerusalén (Apocalipsis 21.9-22.5). Esta es la mansión celestial para todos los redimidos por la sangre de Cristo.

5. Desenlace de la gran tribulación (Apocalipsis 19.17-21)

1) Hay una convocatoria a todas las aves del cielo:

Venid, y congregaos a la gran cena de Dios, para que comáis carnes de reyes y de capitanes, y carnes de fuertes, carnes de caballos y de sus jinetes, y carnes de todos, libres y esclavos, pequeños y grandes (Apocalipsis 19.17, 18).

2) Al ver que desciende nuestro bendito Señor, la bestia y los reyes de la tierra reúnen sus ejércitos para guerrear contra Él y su ejército.

Los reyes habían sido convocados por los espíritus inmundos que salieron "*de la boca del dragón, y de la boca de la bestia, y de la boca del falso profeta*" (Apocalipsis 16.13, 14).

El sitio de la batalla se llama Armagedón (Apocalipsis 16.16).

3) *A la bestia y al falso profeta se les aplica, con el sólo aliento del Señor, la muerte segunda:*

Fueron lanzados vivos dentro de un lago de fuego que ande con azufre (Apocalipsis 19. 20).

4) *Con la anarquía que queda, al desaparecer el rey de la iniquidad y su ministro de hechicerías, los numerosos ejércitos sencillamente caen con la palabra de nuestro bendito Señor.*

Aunque antes de esta batalla final, bien pudieran utilizarse bombas nucleares, sin embargo, en la gran batalla de Armagedón no habrá bombas, ni se luchará con espada, con artillería, ni con aviación, ni con armada. Bastará la Palabra de Cristo para que todos los enemigos caigan muertos.

Luego comenzará el reino milenario de nuestro Señor Jesucristo, el cual quedará a cargo de su regente: David.

Nosotros como Iglesia, como esposa del Cordero, estaremos en el palacio real (Apocalipsis 21.1-22.5). Le rendiremos tributo de adoración y alabanza para siempre jamás y cumpliremos las funciones cósmicas que Él tenga a bien asignarnos para su gloria.

Profundicemos
La segunda venida de Cristo

1. ¿Cómo será la aparición de Cristo en su segunda venida?
   _____
   _____

2. ¿En qué parte del Nuevo Testamento aparece la palabra *"aleluya"*?
   _____
   _____

3. ¿Cuál es el significado de la palabra *"aleluya"*?
   _____

4. ¿Cuál es la esposa del Cordero?
   _____

5. ¿Cómo se viste la esposa del Cordero?
   _____

6. ¿Quién es el único que merece adoración?
   _____

7. Menciona algunas clases de nubes:
   1) Nubes de _____
   2) Nubes de _____

3) Nubes de _____

   4) Nubes de _____

8. ¿Hay algún versículo bíblico que hable de *"nubes de testigos"*? Sí ☐ No ☐ ¿Cuál?

   _____

9. ¿De qué serán las nubes con las cuales vendrá Cristo?

   _____

10. ¿Qué promesa hay para los que han resucitado con Cristo y ponen el corazón en las cosas que los separan de esta tierra?

    _____

11. ¿En cuál capítulo de Apocalipsis se nos habla sobre el cumplimiento de esta promesa?

    _____

12. ¿Cuáles tres nombres se le dan a Cristo en su aparición gloriosa?

    _____

    _____

    _____

13. ¿Qué clase de ropa tienen los que acompañan a Cristo en su venida?

    _____

14. ¿Sería lógico que seres que tengan cuerpos espirituales gobiernen a personas de carne y hueso? Sí ☐ No ☐ ¿Por qué?

_____

_____

15. ¿Cómo se llamará el regente que hará la voluntad de Jesús en Jerusalén? _____

16. ¿Cómo morirán los ejércitos que se reunirán para pelear contra el Cordero en Armagedón?

_____

_____

17. ¿Por qué no le tienes miedo a la Palabra de Dios?

_____

18. ¿Con cuál ropa estarás vestido (a) en las Bodas del Cordero?

_____

_____

_____

11

El juicio ante el gran trono blanco
Apocalipsis 20.11-15

En el capítulo 20 de Apocalipsis, versículos 1 al 10, encontramos:

- El encarcelamiento de Satanás en el abismo.
- La resurrección de los creyentes decapitados durante la gran tribulación, la cual forma parte del programa de la primera resurrección.
- El establecimiento de un reino milenario de Cristo.
- El lanzamiento de Satanás al lago de fuego, donde ya estarán la bestia y el falso profeta.

Lo del reino milenario de Cristo no debe extrañarnos. Así lo dice la Biblia. En otras partes de ella se nos dice que *"para con el Señor un día es como mil años, y mil años como un día"* (2ª de Pedro 3.8; Salmo 90.4).

Sin embargo, el término *"mil años"* se repite seis veces en los primeros diez versículos de este capítulo, y no se nos da ningún indicio de que la expresión se esté usando en sentido figurado. Entendemos que los meses de los judíos eran de treinta días y los años de trescientos sesenta días. Eso sí se debe tener en cuenta en la interpretación.

Dedicaremos este capítulo a considerar el juicio que se realizará ante el gran trono blanco (Apocalipsis 20.11-15).

En Mateo 25.31-46 se nos habla de un juicio contra las naciones, en relación con el trato que éstas hayan dado al pueblo de Jesús.

En 1 Corintios 3.11-15 y en 2 Corintios 5.10, Pablo nos habla acerca del tribunal de Cristo.

En Apocalipsis 20.11-15 encontramos el juicio ante el gran trono blanco.

¿Cuál de éstos es el juicio final? Todo parece indicar que el juicio a que se refiere Mateo tiene como propósito seleccionar a las naciones que entrarán en el reino de Cristo.

El tribunal que menciona Pablo no es para juzgar, sino un tribunal de premiación. Es para los cristianos, pero no para condenarlos, sino para galardonarlos o indicarles por qué perdieron el galardón.

Si la obra de alguno es consumida por el fuego, sufrirá pérdida; si bien él mismo será salvo, aunque así como por medio de fuego. (1ª a los Corintios 3.15; Biblia Textual).

...ninguna condenación hay para los que están en Cristo Jesús (Romanos 8.1).

Entonces, el juicio final es el juicio ante el gran trono blanco.

No lo estudiamos porque hemos de estar sometidos a este juicio, ni porque nos encanta que los impíos tengan que presentarse allí; sino porque es una enseñanza de la Palabra de Dios y porque tendremos que servir de testigos de la justicia de Dios en aquel día.

Veremos brevemente los elementos que concurrirán en el juicio final.

1. Un gran trono blanco (Apocalipsis 20.11)

El color blanco en esta porción es símbolo de pureza y justicia. Este trono contrasta con los que se mencionan en el versículo 4 del mismo capítulo:

Y vi tronos, y se sentaron sobre ellos los que recibieron facultad de juzgar.

¿Quiénes serán estos? La respuesta se halla en el Nuevo Testamento:

¿O no sabéis que los santos han de juzgar al mundo? Y si el mundo ha de ser juzgado por vosotros, ¿sois indignos de juzgar cosas muy pequeñas? (1ª a los Corintios 6.2)

Suponemos que no habrá un trono para cada uno de los redimidos, pero sí estará allí la representación que Dios quiera establecer.

No estaremos allí para dictar sentencia, sino como parte del jurado. Daremos nuestra aquiescencia al veredicto. Seremos testigos de que se les predicó el Evangelio, porque nosotros mismos les dimos el mensaje.

2. El que estaba sentado en el trono (Apocalipsis 20.11)

Tiene tanta majestad el que se sienta sobre el trono que delante de Él huyen la tierra y el cielo, y no se encuentra ningún lugar para ellos. Esto parece una exageración.

Veamos cómo traducen otras versiones de la Biblia.

La paráfrasis *La Biblia al día* dice:

Al verlo, la tierra y el cielo salieron corriendo, pero no hallaron donde esconderse.

La *Versión popular* tradujo:

Delante de su presencia desaparecieron completamente la tierra y el cielo, y no se los volvió a ver por ninguna parte.

Leemos en la *Biblia de Jerusalén*:

El cielo y la tierra huyeron de su presencia sin dejar rastro.

Biblia Textual:

... de cuyo rostro huyó la tierra, también el cielo, y no fue hallado lugar para ellos.

Entonces, en realidad no es una exageración, sino lo que verdaderamente vio Juan: la majestad y el fulgor del que estaba sentado sobre el trono eran tan grandes que desapareció del alcance de sus ojos todo lo demás que puede apreciarse con los ojos. Nadie podrá resistir su presencia.

¿Quién será este majestuoso Juez? No es el Padre.

La respuesta se halla en Juan 5.22:

Porque el Padre a nadie juzga, sino que todo el juicio dio al Hijo.

El juez será nuestro bendito Salvador Jesucristo. Hoy, Él es el Cordero de Dios que quita el pecado del mundo. En aquel día será el Juez inexorable.

Muchas veces no tenemos en cuenta esta gran majestad de nuestro bendito Señor. Pensamos que somos excelentes y hasta es posible que creamos que por nuestra bondad tendremos trono y ceñiremos corona junto al Redentor.

Un pastor soñó que había llegado al cielo. El portero, que no era Pedro, le pidió la identificación. Se identificó como evangelista, pastor, predicador y fiel líder de la obra de Dios. El portero entró para informarse y salió con la noticia de que allí no había lugar para ese pastor. La investigación del portero se repitió pero el informe no cambió.

Al fin, Dios le mandó a decir al pastor que pasara adelante para que se defendiera personalmente. Pasó, pero al ver el fulgor y la majestad del lugar donde suponía que estaba el Padre, poco a poco se fue desmayando hasta que casi cae.

Cuando ya no le quedaba aliento sintió unas pisadas. Un brazo lo rodeó. Alguien que se paró junto a él dijo: "Padre, yo morí por él en el Calvario." Esa voz fue suficiente para que el Padre admitiera en el cielo al predicador.

Esta es una lección que debemos aprender. Tenemos esta esperanza, no por lo buenos que somos, sino por los méritos de Cristo.

3. Los méritos (Apocalipsis 20.12)

Este juicio no es, pues, para los vivos, sino para los muertos. La expresión *"grandes y pequeños"* sencillamente indica que estos muertos serán de todas las edades, clases sociales, nacionalidades, colores y religiones. Esta es la segunda resurrección.

Llama la atención el hecho de que Juan dice que los vio *"en pie"*. Muchas personas les tienen miedo a los muertos. No pasan cerca de un cementerio a media noche por temor a que algún muerto se salga de allí y se les aparezca.

Pues los cristianos que en aquel día ocupen sus tronos en nombre de toda la Iglesia de Cristo, para dar su venia a la sentencia del Juez, verán los muertos grandes y pequeños "en pie". Es decir, ésta es una comparecencia ante Dios, el Juez justo.

Debemos notar que cuando se cumpla la última etapa del programa de la primera resurrección (Apocalipsis 20.4), sólo resucitarán las almas de los decapitados por causa del testimonio de Jesús. El versículo siguiente dice:

Pero los otros muertos no volvieron a vivir hasta que se cumplieron mil años.

Será al final del reino milenario cuando habrá la segunda resurrección, la cual sólo ocurrirá para que los muertos se presenten ante el gran trono blanco y el Juez dé la sentencia que les corresponde.

4. Los libros (Apocalipsis 20.12)

En este versículo se nos habla de *"los libros"* y de *"otro libro"*. Pero dice:

Fueron juzgados los muertos por las cosas que estaban escritas en los libros, según sus obras.

Este tema del *"libro de la vida del Cordero"* y de *"los libros"* es tan intrigante que le vamos a dedicar todo el Capítulo 12.

¿Dónde están esos libros? ¿De qué están constituidos? ¿Hay una biblioteca en el cielo o en alguna parte del espacio? Esperemos, pues, el próximo capítulo.

5. El juicio (Apocalipsis 20.12)

... y fueron juzgados los muertos por las cosas que estaban escritas en los libros, según sus obras.

Aquí está establecida una verdad fundamental que contradice los dogmas de los hombres. Hay una enseñanza religiosa que sostiene que la salvación se consigue por las obras.

La Biblia enseña lo contrario.

> *Porque por gracia sois salvos por medio de la fe; y esto no de vosotros, pues es don de Dios; no por obras, para que nadie se gloríe* (Efesios 2.8, 9).

En cambio Apocalipsis enseña que la condenación sí es por las obras. También se nos dice que las obras de los perdidos están escritas en los registros de Dios.

De paso, si el lector está confiado en que sus buenas obras le garantizarán la salvación, es tiempo de que abandone ese pensamiento. Le basta el arrepentimiento y la fe (Marcos 1.15). Debe tener temor de confiar el asunto tan delicado de su destino eterno a las obras humanas.

Esta verdad se enseña, no sólo en el Nuevo Testamento, sino también en el Antiguo:

> *Si bien todos nosotros somos como suciedad, y todas nuestras justicias como trapo de inmundicia* (Isaías 64.6).

6. La sentencia (Apocalipsis 20.13-15)

Lo primero que ordena el Juez es que todos los muertos se presenten.

No sólo los que están en la tierra. Alguno pensaría que los que perecieron en el mar o en los aparatos digestivos de los tiburones y de otros animales escaparán. Esto es imposible.

Cuando su Majestad el Juez lo ordene, el mar entregará los muertos que haya en él. La muerte, el cementerio, entregará los muertos que estén en los sepulcros. El Hades, es decir, el mundo invisible, morada de los espíritus no redimidos, los entregará. Así los muertos, resucitados en cuerpo y alma, oirán la sentencia.

La primera parte de la sentencia lanza a la muerte y al hades, al lago de fuego, que es el infierno definitivo (versículo 14).

Y el que no se halló inscrito en el libro de la vida fue lanzado al lago de fuego (versículo 15).

7. El lago de fuego (Apocalipsis 20.15)

¿Quiénes, entonces, irán a parar en definitiva al lago de fuego? ¿Está incluido el lector en la lista de los que irán allí? ¿Habrá peligro para el que estudia este tema? ¿Alguno de nuestros familiares correrá este peligro? ¿Sufrirán esta sentencia nuestros amigos?

Esto está claramente determinado en la Palabra de Dios.

- En primer lugar se nos dice que los primeros que llegan allí son la bestia y el falso profeta (Apocalipsis 19.20).
- El tercero, para que el trío tenga el destino que merece, será Satanás (Apocalipsis 20.15).
- Lo grave es que el que no se halle inscrito en el libro de la vida del Cordero será lanzado al lago de fuego, junto con estos horribles seres infernales (Apocalipsis 20.15).

- Hay un pasaje más que dice varias categorías de los que no están inscritos en el libro de la vida. Se trata de Apocalipsis 21.8.

Los siguientes irán al lago de fuego:
  - Los cobardes
  - Los incrédulos
  - Los abominables
  - Los homicidas
  - Los fornicarios
  - Los hechiceros
  - Los idólatras
  - Los mentirosos

Si estás en alguna de esas categorías, ten cuidado. Acude a Cristo inmediatamente y recibe el perdón de tus pecados.

Apártate, con la ayuda de Dios, de la incredulidad, de la abominación, del homicidio, de la hechicería, de la idolatría, de la mentira.

Si eres redimido por la sangre de Cristo, renuncia a la participación en estas prácticas y conságrate al Señor.

Al finalizar este capítulo, recordemos el mensaje que con todo amor nos dio Jesucristo:

De cierto, de cierto os digo: El que oye mi palabra, y cree al que me envió, tiene vida eterna, y no va a juicio, sino que ha pasado de la muerte a la vida (Juan 5.24; Biblia Textual)

Profundicemos
El juicio ante el gran trono blanco

1. Escribe los cuatro hechos muy significativos que se nos ofrecen en Apocalipsis 20.1-10.

    1)_____

    2)_____

    3)_____

    4)_____

2. ¿Qué determina el juicio mencionado en Mateo 25?
   _____

3. ¿Qué determina el tribunal de Cristo?
   (1ª a los Corintios 3.11-15; 2ª a los Corintios 5.10)
   _____

4. ¿Cuál es el juicio final?
   _____

5. ¿Quiénes se sientan en tronos para ser testigos del juicio? (1ª a los Corintios 6.2; Apocalipsis 20.4)
   _____

6. ¿Cuáles muertos comparecerán a juicio?
   _____

7. ¿Cómo se obtiene la salvación?
   _____

8. ¿Cómo se obtiene la condenación?
   _____

9. ¿Cuál versículo bíblico dice que no somos salvos por obras?
   _____

10. ¿Cuáles dos personajes llegarán primero al lago de fuego?
    _____

11. ¿Quién llegará allá en tercer lugar?
    _____

12. Nombra otros ocho grupos de individuos que pasarán la eternidad en el lago de fuego en compañía de Satanás, la bestia y el falso profeta.

    1)_____
    2)_____
    3)_____
    4)_____
    5)_____
    6)_____
    7)_____
    8)_____

12

El libro de la vida del Cordero

Apocalipsis 20.11-15

En todo juicio se necesitan los expedientes. En el juicio ante el gran trono blanco también se necesitarán.

¿Cuáles son estos libros? ¿Dónde se guardan? ¿Alguien podrá anotar en ellos algo que no obedezca a la realidad?

1. Los libros (Apocalipsis 20.12)

En la Biblia se mencionan varios libros que corresponden a la esfera divina.

1) *El libro de memoria*

Entonces los que temían a Jehová hablaron cada uno a su compañero; y Jehová escuchó y oyó, y fue escrito libro de memoria delante de Él para los que temen a Jehová, y para los que piensan en su nombre (Malaquías 3.16).

Este versículo nos da la idea clara de que, cuando hay algunos que se quejan contra Dios por cuanto ven que el impío prospera, otros hijos de Dios se buscan los unos a los otros para hacer pacto de fidelidad con el Señor y pensar en su nombre.

Esto agrada a Dios. Tal acción queda registrada en el *"libro de memoria"*.

2) Hay un libro que se llama la conciencia (Romanos 2.14-16).

En el juicio se presentarán personas que nunca habrán oído el Evangelio, pero la ley escrita en sus corazones hará que la conciencia dé testimonio contra ellos. Sus propios razonamientos los acusarán. En aquel día no habrá secretos.

3) La palabra de Cristo

Él mismo lo dijo:

El que me rechaza, y no recibe mis palabras, tiene quien lo juzgue; la palabra que hablé, ella lo juzgará en el día postrero (Juan 12.48; Biblia Textual).

4) El libro de Dios

En este libro está escrita toda nuestra biografía desde nuestro desarrollo embrionario.

Mi embrión vieron tus ojos, Y en tu libro estaban escritas todas aquellas cosas Que fueron luego formadas, Sin faltar una de ellas (Salmos 139.16).

2. Un documento especial: El libro de la vida del Cordero

Para no aprender cosas erradas con respecto a este libro extraordinario, no debemos confundirlo con otros libros que se mencionan en la Biblia.

1) *No debemos confundirlo con el libro de Israel* (Éxodo 32.32, 33).

Cuando Moisés descendió del monte Sinaí, descubrió que el pueblo de Israel, capitaneado por su hermano Aarón, había hecho un becerro de oro y lo estaba adorando como un dios. Esto amargó la vida de Moisés. El hizo una oración:

... que perdones ahora su pecado, y si no, ráeme ahora de tu libro que has escrito.

Y Jehová respondió a Moisés: Al que pecare contra mí, a éste raeré yo de mi libro.

Dicho esto en otros términos semejantes, del libro de Israel se puede borrar a cualquiera.

Este no es un libro que se refiere a la salvación eterna, sino a un pueblo que Dios escogió para cumplir sus propósitos.

... no todos los que descienden de Israel son israelitas (Romanos 9.6).

Para que un israelita llegara a ser salvo, antes de la muerte de Jesucristo, tenían que acogerse por fe (Hebreos 11) al plan de Dios para la salvación, simbolizado en los sacrificios.

Después de la muerte de Cristo, el israelita que quiera ser salvo tiene que recibirlo como su Salvador y Señor único y suficiente. Es entonces cuando inscribe su nombre en el libro de la vida el Cordero.

2) Tampoco debe confundirse con el "libro de los vivientes".

El salmista pudo hacer una oración sumamente rara con respecto a los impíos:

Sean raídos del libro de los vivientes, Y no sean escritos entre los justos (Salmos 69.28).

Este es sencillamente el libro en el cual consta la existencia de todo el que ha llegado a la vida en este mundo. Cuando muere la persona, deja de figurar entre los vivientes. Así que lo que el escritor pedía para sus enemigos era la muerte.

3) El libro de la vida del Cordero no es tampoco el libro en que figura el remanente de Israel que quedará al finalizar la gran tribulación.

Cuando el profeta Daniel alude a este "tiempo de angustia" para Israel, dice:

... pero en aquel tiempo será libertado tu pueblo, todos los que se hallen escritos en el libro (Daniel 12.1).

4) El "libro de la vida del Cordero" sólo se menciona en el Nuevo Testamento.

Tiene características especiales. Uno de los rasgos principales es que los nombres permanecen allí. No se borran.

- Las diferencias entre hermanos, por más duras que sean, no hacen que sus nombres desaparezcan de allí.

En la iglesia de Filipos había un par de hermanas que no se entendían bien. Se llamaban Evodia y Síntique. Vivían peleando. Sin embargo, eran evangelizadoras de primera línea. Habían trabajado en la evangelización con el mismo apóstol Pablo y con Clemente y con el pastor de la iglesia y con sus colaboradores. Pablo dice que sus nombres *"están en el libro de la vida"* (Filipenses 4.1-3).

- Realmente el que está inscrito en el *"libro de la vida del Cordero"* es el que vence hasta el fin. Cuenta con una garantía: *"no borraré su nombre del libro de la vida"* (Apocalipsis 3.5).

- En la gran tribulación, sólo adorarán a la bestia, es decir, al anticristo:

Todos los moradores de la tierra cuyos nombres no estaban escritos en el libro de la vida del Cordero que fue inmolado desde el principio del mundo (Apocalipsis 13.8).

De manera que de aquí no se puede deducir: Por cuanto estoy inscrito en el libro de la vida del Cordero, hago lo que quiera, pues ya soy salvo.

Pero sí se puede deducir: Por cuanto estoy inscrito en el libro de la vida del Cordero, soy fiel hasta la muerte y nadie me puede arrebatar de la mano de Cristo, porque nadie me puede arrebatar de la mano de su Padre (Juan 10.28-30).

- Al lago de fuego sólo serán lanzados los que no están inscritos en el libro de la vida del Cordero.

Y el que no se halló inscrito en el libro de la vida fue lanzado al lago de fuego (Apocalipsis 20.15).

- De la ciudad celestial, la Nueva Jerusalén, a la cual llamamos el cielo, se nos dice:

No entrará... ninguna cosa inmunda, o que hace abominación y mentira, sino solamente los que están inscritos en el libro de la vida del Cordero (Apocalipsis 21.27).

3. ¿Cómo se inscribe una persona en el libro de la vida del Cordero?

1) Promesa directa de Jesús

Las palabras de nuestro Salvador que encontramos en Juan 3.16, no sólo constituyen una buena porción para aprender de memoria, no sólo son la Biblia en miniatura. Son la contraseña para inscribirnos en el libro de la vida.

Porque de tal manera amó Dios al mundo, que dio a su Hijo Unigénito, para que todo aquel que en Él cree, no se pierda, mas tenga vida eterna (Biblia Textual).

Aquí hay una promesa para el que cree en Él: No se pierde, sino que tiene vida eterna. En el momento cuando la persona recibe la salvación en Cristo, tiene vida eterna. Ese es el momento cuando se inscribe en el "libro de la vida del Cordero".

2) *Para que esto ocurra, se hace indispensable oír la Palabra de Dios y creer en lo que Él dice:*

De cierto, de cierto os digo: El que oye mi palabra, y cree al que me envió, tiene vida eterna; y no va a juicio, sino que ha pasado de la muerte a la vida (Juan 5.24; Biblia Textual).

Así aprendemos que los que tenemos la salvación, los que estamos inscritos en el libro de la vida del Cordero, tenemos la obligación de proclamar la Palabra de Dios, a fin de que los perdidos puedan oírla.

En realidad es un mandato de Cristo:

Id, pues, discipulad a todas las gentes, bautizándolos en el nombre del Padre, y del Hijo, y del Espíritu Santo; enseñándoles a guardar todas las cosas que os mandé; y he aquí Yo estoy con vosotros todos los días, hasta el fin de los siglos (Mateo 18.18-20; Biblia Textual).

3) *Cuando Jesús comenzó a predicar el Evangelio, resumió en dos pasos el proceso de inscripción en el libro de la vida del Cordero:*

El tiempo se ha cumplido, y el reino de Dios se ha acercado; arrepentíos, y creed en el evangelio (Marcos 1.15).

La Palabra que se traduce mediante el verbo *arrepentir* significa en el original dar media vuelta. Si uno va caminando hacia el sur, y da media vuelta, queda caminando hacia el norte. Cambia de rumbo, marcha en sentido contrario. Por eso el mundo muchas veces nos llama "locos". No vamos en el mismo sentido en que va él.

Creer no es sólo asentir con alguna cosa. Más bien es depositar confianza absoluta. Como la que ejerce un niño a quien su padre lo coloca sobre un muro, y luego le pide que se lance en los brazos paternales. Sin vacilación, el muchacho se lanza en lo brazos del padre.

Esa es la verdadera fe que debe acompañar al arrepentimiento. Y esos son los dos pasos indispensables para la inscripción en el libro de la vida del Cordero. El que los toma es el que oye la Palabra de Dios y cree en Él. Ese es el que obtiene la vida eterna.

Una vez un equilibrista colocó su cuerda sobre las cataratas del Niágara para demostrar su capacidad. Primero se subió a la cuerda y tranquilamente atravesó sobre ella las cataratas haciendo equilibrio con una vara larga.

Luego de recibir una tremenda y tumultuosa ovación, preguntó a la multitud si ellos creían que él podría pasar con una silla en sus manos. La respuesta fue un estruendoso ¡Sí! El hombre tomó la silla y pasó de un lado a otro. Regresó sin ningún problema.

Una de las personas que más lo aplaudía y aclamaba era una simpática señora.

—¿Creen ustedes que pudiera pasar con una persona sobre mis hombros?

—¡Sí, sí, sí...! —gritó la señora junto con toda la multitud.

—¡Entonces, venga usted, señora, la voy a pasar sobre mis hombros!

—¡No, no, no! —respondió la señora, y salió corriendo.

La clase de fe que ella tenía en el equilibrista era un asentimiento, por cuanto lo había visto haciendo proezas. Pero no tenía confianza plena en él.

La clase de fe que acompaña al verdadero arrepentimiento es la absoluta confianza.

El que en Él cree, no es juzgado; pero el que no cree, ya ha sido juzgado, porque no ha creído en el nombre del Unigénito Hijo de Dios (Juan 3.18; Biblia Textual).

Tenemos que recordar aquí que el que no cree no necesita matar a nadie ni asaltar un banco para ser juzgado. No. *"...ya ha sido juzgado"*. Conocerá la sentencia en el juicio ante del gran trono blanco.

Sólo nos resta reflexionar un poco en la clase de libros que habrá en aquel día ante el gran trono blanco. ¿Serán de papel? ¿Estarán llenos de polilla o de polvo? ¿Dónde tiene Dios esta biblioteca?

Todos estos libros, y el libro de la vida del cordero están en la mente de Cristo.

Tal vez la única salvedad es el libro que se llama la conciencia, el cual está escrito en cada individuo que será juzgado. Dios sabe escribir en la mente y en el corazón:

> *Este es el pacto que haré con ellos Después de aquellos días, dice el Señor: Pondré mis leyes en sus corazones, Y en sus mentes las escribiré* (Hebreos 10.16).

Todo lo que Él puede escribir en nuestras mentes, lo tiene escrito en su mente divina que es infalible. Nadie podrá añadirle nada, ni quitarle. Nadie incluirá datos falsos. Lo que allí está escrito es verdadero.

Dios es amigo de los libros. Por eso los tiene en su mente. Por esa razón nos dio su comunicación en un Libro: la Biblia, la Palabra de Dios. Ella es precisamente un extracto de la mente del Señor.

> *Porque ¿quién conoció la mente del Señor? ¿Quién lo instruirá? Más nosotros tenemos la mente de Cristo* (1ª a los Corintios 2.16; Biblia Textual).

Profundicemos
El libro de la vida del Cordero
Apocalipsis 20.11-15

1. Escribe los nombres de algunos libros que corresponden a la esfera divina.

   1)_____

   2)_____

   3)_____

   4)_____

2. ¿Cuál documento especial será consultado en el juicio ante el gran trono blanco?

   _____

3. ¿Qué diferencia hay entre el libro de la vida del Cordero y el libro de Israel?

   _____

   _____

   _____

4. ¿Se puede borrar a alguien del libro de la vida del Cordero? *Sí* ☐ *No* ☐ *¿Por qué?*

   _____

   _____

5. ¿Se menciona el libro de la vida del Cordero en el Antiguo Testamento? *Sí* ☐ *No* ☐

6. ¿Cuál es uno de los rasgos principales del libro de la vida del Cordero?

_____

_____

7. ¿Las diferencias entre los hermanos en Cristo podrán hacer que sus nombres sean borrados del libro de la vida del Cordero? *Sí ☐ No ☐ Explica.*

_____

_____

8. ¿Estaban inscritas en el libro de la vida Evodia y Síntique a pesar de que peleaban? *Sí ☐ No ☐*

9. ¿Quién es el que vence hasta el fin?

_____

10. ¿Por el hecho de estar inscrita en el libro de la vida, puede la persona hacer lo que le dé la gana? *Sí ☐ No ☐ Explica.*

_____

_____

11. ¿Podrá alguno arrebatar de la mano de Jesús y de la mano del Padre al que esté inscrito en el libro de la vida del Cordero? *Sí ☐ No ☐ Explica.*

_____

_____

_____

_____

12. ¿Quiénes son los únicos que entrarán en la ciudad celestial?
    _____

13. ¿Cómo se inscribe una persona en el libro de la vida del Cordero?
    _____
    _____

14. ¿Dónde está la biblioteca de Dios?
    _____

15. ¿La fe verdadera es:

    ☐ *asentimiento?*

    ☐ *absoluta confianza en Jesús?* Explica.
    _____
    _____
    _____

16. ¿Estás seguro (a) de que tu nombre está inscrito en el libro de la vida del Cordero?
    Sí ☐   *No* ☐   *Explica.*
    _____
    _____

17. ¿Cómo sabes que estás inscrito?
    _____

13

La única diferencia entre los que entrarán en la mansión celestial y los que no entrarán
Mateo 25.1-13

Antes de dedicarnos exclusivamente a este capítulo, diremos que en Apocalipsis 21, y hasta el versículo 5 del capítulo 22, encontramos la descripción de la morada celestial, que se llama la Nueva Jerusalén. También la llamamos "el cielo".

Esto lo estudiaremos en el último capítulo de este libro. Luego, en el capítulo 22, los versículos 6 a 21, tenemos la conclusión del libro.

En este tema intentaremos resolver un problema que se presenta por el hecho de que hay muchos que se disputan el derecho de entrar en la morada celestial. Es decir, hay muchas personas, de diversas prácticas, que se dan el calificativo de "cristianos".

Hay también, por supuesto, otras religiones que no se llaman cristianas, las cuales también tienen un programa para la otra vida en un lugar como el cielo.

Cuando hemos dicho: Iglesia, Iglesia de Cristo, cristianos, hijos de Dios, creyentes en Cristo, a través de toda este libro, parece que siempre ha quedado una ambigüedad. ¿De cuál grupo estamos hablando?

Lo cierto es que se aplican el calificativo de cristianos los católicos romanos, los ortodoxos griegos, los anglicanos, los protestantes, los adventistas, los evangélicos y muchos grupos que son derivaciones de los que acabamos de mencionar: luteranos, metodistas, wesleyanos, bautistas, libres, pentecostales, presbiterianos y así sucesivamente.

Visitó varias veces la América Latina un señor que, para ciertas ceremonias, se colocaba en la cabeza una inmensa mitra de tres coronas llamada tiara, en la cual está la inscripción latina *Vicarius Filii Dei*, es decir, Representante del Hijo de Dios. Multitudes salieron a los caminos, a las calles y a las plazas con el objeto de rendirle tributo. Todas esas personas se llaman "cristianas".

Los domingos por la mañana, todas las iglesias evangélicas del mundo están completamente atestadas. Unos trescientos millones de personas se reúnen en ellas. Estas también se llaman "cristianas".

En los países denominados "cristianos", se llama cristiano al vertebrado que no nace con cuatro patas, sino con dos pies.

¿Cuáles de estas personas son las verdaderamente cristianas? ¿Serán todos iguales? ¿Se podrá aplicar aquello de que "cada uno se salva con su fe"? ¿Cuáles de todos ellos se irán con Cristo cuando se produzca su *parusía*? ¿O se irán todos por el sólo hecho de que se llaman cristianos?

El Señor Jesucristo nos presentó una parábola para enseñarnos cuáles entrarán a la felicidad eterna y cuáles se quedarán por fuera. Es la parábola de las diez vírgenes, que se encuentra en Mateo 25.1-13.

Veamos las semejanzas entre todas las diez vírgenes y la única diferencia entre algunas de ellas y las demás.

1. Las semejanzas

Se parecían muchísimo todas las diez, como se parecen mucho todos los que hoy se llaman "cristianos".

1) *Todas eran vírgenes.*

No dice la Biblia que cinco eran vírgenes y cinco eran prostitutas. Tampoco dice que cinco eran casadas y cinco doncellas. Ni dice que cinco eran malas y cinco buenas. Todas eran doncellas. Ninguna se había casado.

2) *Todas tomaron sus lámparas.*

No se nos informa que cinco de ellas tomaron lámparas, y las otras cinco no las tomaron. No. Todas tomaron sus lámparas. Tampoco se nos dice que unas tomaron lámparas buenas y las otras tomaron lámparas de mala calidad. Todas tomaron sus lámparas, aparentemente iguales.

3) Todas salieron a recibir al esposo.

Aclaremos aquí algunas cosas. Según la costumbre hebrea, cuando un hombre de cierta dignidad se casaba, invitaba a un número de doncellas para que alegraran la fiesta de las bodas, que generalmente duraba hasta siete días. A ninguna señorita que tuviera el privilegio de recibir una invitación de esta naturaleza le gustaba perder tan extraordinaria oportunidad.

En el tiempo cuando el Señor Jesús pronunció esta parábola no se acostumbraba mencionar a la novia, sino al novio. Así que estas vírgenes no salieron a competir para ver con cuál de ellas se casaría el novio. Ellas salieron a esperar que llegara el esposo junto con su esposa.

La costumbre era que la ceremonia nupcial la celebraran en la casa de alguno de los cónyuges. Después que el rabino pronunciaba la bendición, los recién casados caminaban desde allí, acompañados por muchos invitados, hacia el sitio extraordinario donde debía celebrarse la fiesta de la boda.

No nos dice el pasaje bíblico que cinco de ellas salieron a recibirlo y las otras cinco no salieron. Todas las diez vírgenes salieron a recibir al esposo. Todas querían entrar en la fiesta matrimonial, símbolo de la felicidad eterna.

4) El versículo 5 nos dice que el esposo se retardó para todas.

No leemos que se retardó en relación con cinco de ellas. Llegó tarde para todas las diez. En nuestro tiempo, cuando los novios que van a celebrar su ceremonia nupcial llegan tarde, sufren por igual todos los que están esperando. El cansancio no es sólo para la mitad de ellos.

Sucedió exactamente como sucede hoy: estamos esperando la venida de Cristo, y nos parece que se está demorando mucho. Y así pensamos todos los que hoy nos llamamos "cristianos".

5) *Por causa del retardo, todas cabecearon.*

No nos dice la Biblia que cinco de ellas cabecearon y las otras cinco no cometieron ese error. La espera fue tan larga que todas cabecearon.

Hay pescadores que se jactan de que pueden pasar toda la noche pescando con sus anzuelos, sin dormirse; pero si tú no estuvieras cabeceando a eso de las tres de la mañana, pudieras pasar frente a cada uno de ellos y los encontrarías cabeceando mientras sostienen el sedal.

Aquellas vírgenes, por más que mostraran resistencia, llegó el momento en que comenzaron a cabecear.

6) *Todas se durmieron.*

Aquí no nos habla de que cinco de ellas perdieron por completo el interés y, en consecuencia, se quedaron dormidas. En cambio las otras cinco le hicieron resistencia al sueño y permanecieron en vela.

No. Absolutamente todas se quedaron dormidas.

7) Todas oyeron un clamor.

"¡Aquí viene el esposo; salid a recibirlo!" ¡Qué similitud la que hay hasta este punto entre todas las diez!

El texto no nos dice que cinco de ellas oyeron el clamor y las otras cinco no lo oyeron. No hubo cinco que lo entendieron de una manera y cinco que lo entendieron de otra.

Todas las diez lo oyeron. Todas lo entendieron de igual manera. Esto nos indica que todas las diez, aunque se habían quedado dormidas, estaban en actitud de espera.

Igual pasa hoy con los cristianos de todos los nombres. Están completamente dormidos en el sentido espiritual; sin embargo, tienen una actitud de espera. Creen que algún día se irán a vivir con Cristo por toda la eternidad.

8) "Entonces todas aquellas vírgenes se levantaron."

No hay vacilación en el escritor. No nos dice que cinco se levantaron y las otras cinco siguieron durmiendo.

9) Todas arreglaron sus lámparas.

Estas eran lamparitas que tenían una mecha alimentada por aceite de oliva. Así que todas las diez movieron el aceite, trataron de sacar un poco más la mecha para avivar la llama y las levantaron.

Este trabajito no lo hicieron sólo cinco de ellas. Todas arreglaron sus lámparas.

Como acabamos de comprobar, en nueve aspectos, estas diez vírgenes eran exactamente iguales, así como todos los cristianos de todos los nombres se parecen muchísimo.

2. La única diferencia

¿Por qué, entonces, el Señor Jesucristo, clasifica a las diez vírgenes de esta manera?

Cinco de ellas eran prudentes y cinco eran insensatas (Mateo 25.2).

La respuesta la dio también el gran Narrador, Jesús:

Las insensatas, tomando sus lámparas, no tomaron consigo aceite; más las prudentes tomaron aceite en sus vasijas, juntamente con sus lámparas (Mateo 25.3, 4).

Era lógico que en una espera tan larga, el aceite que había en el tanquecito de la lámpara se agotara. Por tanto, la prudencia demanda preparación. Esta preparación consistía en llevar, juntamente con la lámpara, una pequeña vasija llena de aceite para volver a llenar la lámpara.

Como se sabe, una parábola, en el sentido etimológico de la palabra, es una verdad que se coloca al lado de la otra con el fin de darle claridad.

Aquí no tenemos que interpretar que esta parábola se refiere a las *"bodas del Cordero"*, ni averiguar quienes fueron las diez vírgenes, ni tampoco poner un significado simbólico a las lámparas; ni mucho menos interpretar que la esposa de este marido es la iglesia. El contexto no nos indica eso.

La verdad que se quiere aclarar aquí es la necesidad de estar preparados para la venida de Cristo.

¿De dónde salió esto? Del mismo pasaje y del contexto.

Los que estudiamos y enseñamos la Biblia tenemos un buen dicho que nos ayuda a dedicarnos realmente a estudiarla: "Un texto, sin su contexto, es un pretexto para enseñar falsedades."

El mismo texto nos dice que *"las que estaban preparadas entraron con él a las bodas".*

El contexto inmediato nos asoma la misma verdad:

Por tanto, también vosotros estad preparados; porque el Hijo del Hombre vendrá a la hora que no pensáis (Mateo 24.44).

La preparación consiste en tener toda la provisión de aceite de olivas para que la lámpara no se apague.

Un contexto remoto, en el Antiguo Testamento, nos indica el significado simbólico del aceite de olivas.

He mirado, y he aquí un candelabro todo de oro, con un depósito encima, y sus siete lámparas encima del candelabro, y siete tubos para las lámparas que están encima de él; y junto a él dos olivos, el uno a la derecha del depósito, y el otro a su izquierda...

Y el ángel que hablaba conmigo respondió y me dijo: ¿No sabes qué es esto?

Y dije: No, señor mío.

Entonces respondió y me habló diciendo: Esta es palabra de Jehová a Zorobabel, que dice: No con ejército, ni con fuerza, sino con mi Espíritu, ha dicho Jehová de los ejércitos (Zacarías 4.2-6).

El aceite de olivas simboliza al Espíritu Santo.

En el caso del profeta Zacarías, no sólo había depósitos sobre las lámparas para que no faltara el aceite, sino un olivo a la derecha y otro a la izquierda. Jamás fallaría, pues los olivos, cuyo fruto, las olivas, produce el aceite de olivas, constituían una reserva permanente.

Estimado lector, muy apreciado alumno, respetado profesor de este estudio: estemos atentos a la verdad fundamental de este capítulo. Muchos son los que se llaman "cristianos", pero sólo entrarán en la felicidad eterna aquellos cuyas lámparas cuenten con un depósito inagotable.

Ese depósito es el glorioso Espíritu Santo, el cual es derramado en nuestros corazones en el momento cuando de todo corazón tomamos la decisión genuina y seria, de recibir al Señor Jesucristo como nuestro Salvador único y nuestro Señor absoluto, y establecemos una relación personal con Él. Eso es lo que llamamos el bautismo en el Espíritu Santo, o el sello del Espíritu Santo.

El Espíritu mismo da testimonio a nuestro espíritu, de que somos hijos de Dios (Romanos 8.16).

Los que están preparados son aquellos que esperan al Señor. Leemos en Hebreos 9.27, 28:

Y de la manera que está establecido para los hombres que mueran una sola vez, y después de esto el juicio, así también Cristo fue ofrecido una sola vez para llevar los pecados de muchos; y aparecerá por segunda vez, sin relación con el pecado, para salvar a los que le esperan.

De los que esperan de todo corazón la venida del Señor se nos aclara:

...fuisteis sellados con el Espíritu Santo de la promesa, que es las arras de nuestra herencia (Efesios 1.13, 14).

Estos son los que *"aman su venida"* (2ª a Timoteo 4.8).

3. Exhortación final

Notemos que la llegada del esposo se produjo a la media noche (versículo 6). En aquel tiempo, cuando la gente se acostaba muy temprano, la media noche era el momento cuando menos se hubiera esperado la llegada del esposo.

En nuestra cultura noctámbula, tal vez pudiéramos decir que esa hora es las tres de la madrugada. El Señor Jesús vendrá en el momento en que menos se lo espere.

Porque vosotros sabéis perfectamente que el día del Señor vendrá como ladrón en la noche (1ª a los Tesalonicenses 5.2).

Atendamos también al hecho de que la expresión: *"Y tardándose el esposo ..."* (versículo 5), equivale a lo que dijo el siervo desprevenido en Mateo 24.48: *"Mi Señor se tarda."*

Por esta convicción, el siervo comenzó a golpear a sus consiervos y a comer y beber con los borrachos.

El Señor le da una sentencia:

Vendrá el señor de aquel siervo en día que no aguarda, y a la hora que no conoce, y lo castigará severamente, y le señalará su parte con los hipócritas. Allí será el llanto y el crujido de los dientes (Mateo 24.49-51; Biblia Textual).

Las vírgenes insensatas reconocieron posteriormente que necesitaban el aceite y fueron a comprarlo.

Pero mientras iban a comprar, llegó el esposo, y las preparadas entraron con él a la fiesta de bodas, y fue cerrada la puerta.

Y luego vinieron también las otras vírgenes, diciendo: ¡Señor, señor, ábrenos! Mas él, respondiendo, dijo: De cierto os digo, que no os conozco. Velad, pues, porque no sabéis el día ni la hora (Mateo 25.11-13; Biblia Textual).

Una vez Jesús hizo una pregunta que debe quedar en la mente de todos los que han estudiado estos temas:

Pero cuando venga el Hijo del Hombre, ¿hallará fe en la tierra? (Lucas 18.8).

Profundicemos
La única diferencia entre los que entrarán en la mansión celestial y los que no entrarán
Mateo 25.1-13

1. ¿De qué trata Apocalipsis 21.1 - 22.5?

   _____

   _____

2. ¿Qué encontramos en Apocalipsis 22.6-21?

   _____

   _____

3. Escribe las nueve características en las cuales eran semejantes las diez vírgenes.

   1)_____
   2)_____
   3)_____
   4)_____
   5)_____
   6)_____
   7)_____
   8)_____
   9)_____

4. ¿Hay semejanzas entre los cristianos de todos los nombres?   Sí ☐   No ☐   Explica.

_____

_____

5. ¿Qué simboliza en la Biblia el aceite de olivas, según Zacarías 4.2-6?

_____

_____

6. ¿Cuáles son los únicos "cristianos" que entrarán con Cristo a la felicidad eterna?

_____

_____

7. ¿Cuál es la verdad fundamental de la parábola de las diez vírgenes?

_____

_____

8. ¿Los que no han sido bautizados en el Espíritu Santo esperan sinceramente la venida de Cristo? Sí ☐   No ☐   Explica.

_____

_____

9. ¿Completa la siguiente declaración de Pablo: "... el día del Señor vendrá como

_____

_____

14

Nuestra morada eterna
Apocalipsis 21.1 – 22.5

Se oyen distintos conceptos sobre el cielo. Para el ateo, el cielo es la ilusión de los espiritualmente intoxicados. Para algunos científicos, no es sino una fantasía medieval.

Para el teólogo liberal, es una superstición desgastada. Para el filósofo secular, el cielo es una idea cristiana asombrosamente idiota. Para el místico oriental, el cielo es la ausencia de la existencia.

Nosotros, que no estamos espiritualmente intoxicados, ni creemos en fantasías medievales, ni en supersticiones, ni somos idiotas, ni esperamos la ausencia de la existencia, dediquémonos a estudiar las realidades concretas de nuestra morada eterna.

1. El cielo es una ciudad.

El versículo 2 dice:

> *Y vi que descendía del cielo, de Dios, la ciudad santa: Una nueva Jerusalén, dispuesta como una esposa ataviada para su esposo.*

El hombre siempre ha buscado la ciudad.

> *Por fe Abraham, siendo llamado, obedeció para salir al lugar que iba a recibir por herencia, y salió sin saber a dónde iba. Por fe habitó en tierra de la promesa como en tierra ajena, viviendo en tiendas con Isaac y Jacob, los coherederos de la misma promesa. Porque esperaba la ciudad que tiene fundamentos, cuyo arquitecto y constructor es Dios* (Hebreos 11.8-10).

El autor de la Epístola a los Hebreos tiene un concepto parecido sobre el cielo:

> *Sino que os habéis acercado al monte Sión, y la ciudad del Dios viviente, Jerusalén la celestial, y a las miríadas de ángeles, y a la asamblea e iglesia de los primogénitos registrados en los cielos, y a Dios, Juez de todos, y a los espíritus de los justos hechos perfectos, y a Jesús, Mediador del nuevo pacto, y a la sangre de rociamiento que habla mejor que la de Abel* (Hebreos 12.22-24; Biblia Textual).

2. Ubicación de la ciudad

Leemos en 1ª a los Tesalonicenses 4.16:

> *Porque el mismo Señor con grito de mando, con voz de arcángel y con trompeta de Dios, descenderá del cielo.*

Eso quiere decir que el cielo está arriba. Esto está corroborado por Apocalipsis 4.1:

Después de estas cosas miré, y he aquí una puerta abierta en el cielo, y la primera voz que oí, como de trompeta, hablaba conmigo, diciendo: Sube acá.

Y que la Nueva Jerusalén es nuestra morada eterna está claramente expresado en Apocalipsis 21.2, 3:

Y vi que descendía del cielo, de Dios, la ciudad santa: Una nueva Jerusalén, dispuesta como una esposa ataviada para su esposo.

Y oí una gran voz procedente del trono, que decía: He aquí el tabernáculo de Dios con los hombres, y morará con ellos; y ellos serán pueblos suyos, y Dios mismo estará con ellos (Biblia Textual).

Lo que vamos viendo nos hace pensar que la ciudad que Jesús fue a preparar para nosotros (Juan 14.2, 3), está en este momento por encima del Everest, punto culminante del globo terrestre (8.882 mt); más allá de la troposfera (11 km), más allá de la estratosfera (110 km), más allá de la ionosfera (800 km), más allá de la exosfera (1.200 km).

Está mucho más allá de nuestro sistema solar, de la Vía Láctea, de los mil millones de galaxias, de los 150 trillones de estrellas.

Nuestro Dios tiene magnífico humor. Una vez le dijo a Abraham: *"Mira ahora los cielos, y cuenta las estrellas, si las puedes contar"* (Génesis 15.5). Luego le dijo: *"Así será tu descendencia."*

Lo más que un ojo humano puede ver son unas dos mil estrellas. Pero nuestra morada eterna, que Jesús está preparando, va a descender hasta cierto punto del cual sólo Dios sabe.

Es la única manera como podemos entender las siguientes palabras de la revelación bíblica:

Y la ciudad no tiene necesidad de sol, ni de luna para que la iluminen; porque la gloria de Dios la iluminó, y el Cordero es su lumbrera. Y las naciones andarán a la luz de ella; y los reyes de la tierra le llevan su gloria (Apocalipsis 21.23, 24; Biblia Textual).

3. Forma y tamaño de la ciudad

El versículo 16 nos dice:

Y la ciudad está asentada en un cuadrado; y su longitud, tanta como la anchura. Y midió la ciudad con la vara: doce mil estadios; su longitud, y anchura y altura son iguales (Biblia Textual).

Un estadio equivale a 180 metros lineales. 12.000 estadios son 2.160 km lineales.

La superficie de la ciudad es 2.160 km X 2.160 km = 4.665.600 km cuadrados.

El tamaño de esta superficie se aproxima mucho a la superficie que ocupan los paises suramericanos:

Paises *Suramericanos*	Superficie (km²)
Colombia	1.138.338 km²
Perú	1.285.215 km²
Bolivia	1.098.581 km²
Venezuela	912.050 km²
Ecuador	270.670 km²
Superficie total de estos paises	**4.704.854 km²**
Superficie de la Nueva Jerusalén	**4.665.600 km²**

Pero el cielo es una ciudad cúbica, es decir, tiene 2.160 km de longitud, 2.160 km de anchura y 2.160 km de altura.

Entonces tenemos que multiplicar:

2.160 X 2.160 X 2.160 = 100.776.960 km cúbicos (cien millones setecientos setenta y seis mil novecientos sesenta kilómetros cúbicos).

Esto es suficiente para hacer un edificio de 780 pisos de altura y de 4.665.600 km cuadrados de superficie. Allí cabrían 100.000 millones personas, ¡más que toda la gente que ha vivido desde el principio del mundo hasta hoy!

Por otra parte, la Biblia dice que en el cielo tendremos cuerpos espirituales (1ª a los Corintios 15.44). No necesitaremos camas, ni muebles, ni comedor, ni escaparates, ni armarios, ni libros, ni cosas materiales.

Eso fue lo que nuestro Señor Jesucristo fue a preparar para nosotros.

4. El nivel de vida en la Nueva Jerusalén

No seremos seres espirituales desincorporados, ni seres angelicales con alas, pero perderemos el interés humano.

Y Jesús les dijo: Los hijos de este siglo se casan y son dados en casamiento; mas los que fueron tenidos por dignos de alcanzar aquel siglo, y de la resurrección de entre los muertos, no se casan ni son dados en casamiento, pues ni morir ya más pueden, porque son como ángeles y son hijos de Dios, al ser hijos de la resurrección (Lucas 20.34 – 36; Biblia Textual).

No tendremos limitación de tiempo ni de espacio.

Viene Jesús estando cerradas las puertas y, puesto en el medio, dijo: Paz a vosotros (Juan 10.26).

Ese es el cuerpo espiritual. Nosotros también lo tendremos.

Esta morada está preparada y reservada. Jesús dijo:

En la casa de mi Padre muchas moradas hay; ...voy, pues, a preparar lugar para vosotros (Juan 14.2).

El apóstol Pedro afirma:

Bendito el Dios y Padre de nuestro Señor Jesucristo, que según su grande misericordia nos hizo renacer para una esperanza viva, por medio de la resurrección de Jesucristo de entre los muertos, para una herencia imperecedera, e incontaminada e inmarcesible, reservada en los cielos para vosotros (1ª de Pedro 1.3, 4).

Allí no tendremos que pagar alquiler, ni cuotas mensuales, ni condominio, ni energía hidroeléctrica, o solar o nuclear.

Y la ciudad no tiene necesidad del sol, ni de la luna para que la iluminen; porque la gloria de Dios la iluminó, y el Cordero es su lumbrera. Y las naciones andarán a la luz de ella (Apocalipsis 21.23, 24).

El versículo 25 es un mandato:

Y que nunca jamás sean cerradas sus puertas de día (pues allí no habrá noche).

No habrá en nuestra gran ciudad hospitales, ni dolor, ni llanto, ni muerte (versículo 4). El hecho de que sus puertas siempre estarán abiertas es una garantía de que hay seguridad.

En Apocalipsis 22.3, Juan escribió:

Y ya no habrá maldición alguna. Y el trono de Dios y del Cordero estará en ella, y sus siervos le servirán.

El Nuevo Testamento enseña que los ladrones no entrarán el reino de Dios (1ª a los Corintios 6.9,

10). Ahora encontramos la razón. Si ellos entraran, desmantelarían el cielo:

Las doce puertas, doce perlas: cada una de las puertas era respectivamente de una perla. Y la avenida de la ciudad, de oro puro, transparente como cristal (Apocalipsis 21.21).

Tampoco habrá santuario en el cielo.

Y no vi en ella santuario, porque el Señor Dios Todopoderoso es su santuario, también el Cordero (Apocalipsis 21.22; Biblia Textual).

Si vas a llegar a la Nueva Jerusalén, atiende a la Palabra de Dios:

Y que de ningún modo entre en ella ninguna cosa inmunda, y que hace abominación y mentira, sino sólo los que han sido inscritos en el rollo de la vida del Cordero (Apocalipsis 21.21; Biblia Textual).

Bienaventurados los que lavan sus ropas, para tener derecho al árbol de la vida, y entrar en la ciudad por las puertas (Apocalipsis 22.14; Biblia Textual).

Profundicemos
Nuestra morada eterna
Apocalipsis 21.1 – 22.5

1. Explica qué fue lo que más te sorprendió en este capítulo.
   _____

2. Explica de qué tamaño pensabas tú que es el cielo.
   _____

3. ¿Por cuál razón esperas tú entrar por las puertas de la Nueva Jerusalén?
   _____

4. Escribe los nombres de tres personas que tú crees que van al cielo.
   _____

5. Escribe los nombres de tres personas que tú crees que no van al cielo.
   _____

6. ¿Qué has hecho tú para lograr que estas últimas tres personas cambien de destino eterno?
   _____

7. ¿Qué desafío le hizo Dios a Abraham en Génesis 15.5?
   _____

8. Entonces, ¿qué es el cielo?

   _____

9. ¿Cuántas avenidas tiene el cielo?

   _____

10. ¿Dónde, en la Biblia, prometió Jesús prepararnos una morada?

    _____

11. Por ser Jesús el que hizo la promesa, ¿qué clase de morada esperas tú?

    _____

12. Dí cómo te has purificado de la mentira.

    _____

13. ¿Qué es lo único que te puede limpiar de todo pecado, para poder entrar en el cielo?

    _____

14. ¿Quieres tú que tu familia también vaya al cielo?
    Sí ☐ No ☐

    ¿Qué estás haciendo para lograr ese deseo?

    _____

15. ¿Hay algunos amigos que quisieras ver en el cielo?
    Sí ☐ No ☐

    ¿Qué estás haciendo para lograr eso?

    _____

16. ¿Cuántas personas has ganado tú para el cielo?

   _____

   _____

17. Dí algunas cosas que no habrá en el cielo.

   _____

   _____

18. Dí cuál es la persona más importante que estará en el cielo. _____

19. Con la frialdad o con la espiritualidad que tienes, ¿cómo te sentirías en la presencia del Rey de reyes y del Señor de señores?

   _____

   _____

20. Si tú eres salvo, por la obra de Cristo, lo cual indica que tu destino es el cielo, estampa tu firma aquí.

   _____

www.ingramcontent.com/pod-product-compliance
Lightning Source LLC
Chambersburg PA
CBHW072155070526
44585CB00015B/1159